集人文社科之思　刊专业学术之声

集 刊 名：中国治理评论
主办单位：三亚学院　北京大学城市治理研究院

CHINA GOVERNANCE REVIEW

编辑委员会
主　　任：俞可平
主　　编：陆　丹
执行主编：杜振吉

委员（以姓氏笔画为序）：

王长江	中共中央党校（国家行政学院）	陆　丹	三亚学院
王海明	三亚学院	陈国权	浙江大学
包雅钧	北京大学	周光辉	吉林大学
刘建军	复旦大学	周红云	北京大学
米加宁	哈尔滨工业大学	俞可平	北京大学
杜振吉	三亚学院	袁方成	华中师范大学
时和兴	中共中央党校（国家行政学院）	姜晓萍	四川大学
吴建南	上海交通大学	黄卫平	深圳大学
吴晓林	南开大学	曹义恒	社会科学文献出版社
吴理财	安徽大学	景跃进	清华大学
张小劲	清华大学	褚松燕	中共中央党校（国家行政学院）

编辑部成员：杜振吉　王致兵　杜　娟
英文翻译：刘建国　阮　曦

2023年第2期（总第16期）

集刊序列号：PIJ-2019-387
中国集刊网：www.jikan.com.cn/ 中国治理评论
集刊投约稿平台：www.iedol.cn

CHINA

中国治理评论
GOVERNANCE REVIEW

2023年　第 2 期　总第 16 期

陆　丹／主编
杜振吉／执行主编

社会科学文献出版社
SOCIAL SCIENCES ACADEMIC PRESS (CHINA)

中国治理评论
2023 年第 2 期
总第 16 期

目 录

名家访谈

广义政府与功能性分权理论的探索历程
　　——陈国权教授访谈 ………………………… 陈国权　董思琦 / 3

国家治理与社会治理

关于提升社会治理法治化水平的思考 ………………………… 徐汉明 / 15
当代中国的国家治理观 ………………………………………… 汪仕凯 / 28

城乡基层治理

中国共产党领导农村基层治理的百年探索历程及基本逻辑
　　………………………………………………… 李增元　伍　娟 / 47
基层治理的实践逻辑与法治面向
　　——基于治理视角的道德性分析 …………………… 卢　毅 / 63

治理理论与实践

"第三波浪潮"中民族地区数字政府建设不平衡问题及其破解途径
　　………………………………………………………………… 董礼胜 / 81
"三位一体"建设视角下的新业态用工关系治理研究 …………… 李长勇 / 100
当前我国企业科技创新及高质量发展的对策研究 ……………… 蒋正明 / 117
上海依托海派文化创新社会治理、发展法治文化的策略探讨 …… 王荣亮 / 130

书 评

道洽政治　泽润生民
　　——读王海明《新正义论：国家制度与国家治理价值标准体系》
.... 姚轩鸽 / 143

征稿启事 / 168

CONTENTS

INTER WITH DISTINGUISHED SCHOLARS

The Quest for a Theory of General Government and Functional Separation of Powers
—An Interview with Professor Chen Guoquan ········ Chen Guoquan, Dong Siqi / 3

NATIONAL GOVERNANCE AND SOCIAL GOVERNANCE

Thoughts on Improving the Level of Social Governance Through the
Rule of Law ·· Xu Hanming / 15
Views on National Governance in Contemporary China ········· Wang Shikai / 28

PRIMARY-LEVEL GOVERNANCE IN URBAN AND RURAL AREAS

The Centennial Exploration Course and Basic Logic of the CPC Leading
Rural Grass roots Governance ······························· Li Zengyuan, Wu Juan / 47
Practical Logic of Grass-roots Governance and the Orientation of Rule of Law
—Moral analysis based on the perspective of governance ············· Lu Yi / 63

GOVERNANCE THEORY AND PRACTICE

The Influential Factors and Solutions to the Imbalance of Digital Government
Construction in Ethnic Regions in "the Third Wave" ········ Dong Lisheng / 81
Research on the Governance of New Format Employment Relations from the
Perspective of the Three-sphere Integrated Plan ············· Li Changyong / 100
Research on Countermeasures of Technological Innovation and High Quality
Development of Chinese Enterprises at Present ············ Jiang Zhengming / 117
A Strategic Study on the Innovation of Social Governance and the
Development of Rule of Law Culture in Shanghai ······ Wang Rongliang / 130

BOOK REVIEW

Promoting Political Harmony and Refreshing the People: On Wang Haiming's
*New Theory of Justice: State System and Value Standard System
of National Governance* ·· Yao Xuange / 143

CONTRIBUTIONS INVITED / 168

名家访谈

广义政府与功能性分权理论的探索历程

——陈国权教授访谈

陈国权　董思琦*

【摘　要】 权力是非常复杂的政治现象，关于权力制约监督的研究也是政治学最古老同时最具有挑战性的研究命题之一。改革开放以来，中国政治经济发展呈现高经济增长与高廉政风险并存的"双高现象"，这也构成了广义政府与功能性分权理论的逻辑起点。该理论试图从政治权力这一基本分析单元出发，对"双高现象"进行解释。当代中国公权力主体是国家性质党组织和宪法意义的国家机构共同构成的"广义政府"，这种"复合国家"形态的公权力组织是功能性分权理论的研究对象。基于该理论，我们主张构建决策权、执行权、监督权既相互制约又相互协调的权力结构与运行机制。

【关键词】 当代中国政府；功能性分权；广义政府；廉政治理

　　编者按： 陈国权教授系浙江大学公共管理学院、光华法学院双聘博士生导师，浙江大学中国地方政府创新研究中心主任，北京大学中国政治学研究中心研究员，浙江大学国家制度研究院特聘研究员。陈国权教授长期关注当代中国政府与政治的客观实践，思考本土化的权力法治与廉政治理路径，是四次承担国家社科基金重大项目的首席专家，先后提出了"功能性分权""广义政府"等原创性的学术概念和理论观点，长期以来一直致力于构建中国特色权力制约监督理论体系，其主要理论观点被称为"新三权论"，受到学界广泛关注。

　　受《中国治理评论》编辑部委托，浙江大学公共管理学院博士研究生董思

---

* 陈国权，法学博士，浙江大学求是科研岗教授，公共管理学院、光华法学院博士生导师，中国政法大学纪检监察学院兼职博士生导师，主要从事当代中国政府与政治、权力制约与监督、地方政府创新等研究；董思琦，浙江大学公共管理学院博士研究生，主要研究方向为权力制约与监督。

琦对陈国权教授进行了学术专访。在采访过程中，陈国权教授从学术史的角度与我们分享了广义政府与功能性分权理论的探索历程。本次专访主要围绕陈国权教授个人学术经历、学术理论的推进过程，以及功能性分权理论的运用与意义等方面展开。同时，陈国权教授在访谈中还简要谈及中国特色的话语体系创新与自主知识体系构建等话题。

董思琦：陈老师好，感谢您接受我们的采访。据我所知，您一直在浙江大学从事公共管理学科的教学和研究工作，您的理论研究与浙江大学公共管理学科的发展一直相伴随。2023 年是浙江大学行政管理专业办学 30 周年，作为浙江大学行政管理专业学科的创始人，可否先同我们分享一下浙江大学行政管理专业的发展历程？

陈国权：谢谢《中国治理评论》编辑部的邀请。浙江大学行政管理专业的建立和发展是一个从无到有的过程。经过 30 年的发展，浙江大学公共管理学科已跻入 A^+ 行列，可谓极其不易。我全过程参与和见证了它的发展，深感荣幸和欣慰。

我的本科是在浙江大学精密机械工程专业学习的，1982 年毕业后留校担任学生辅导员。出于对知识的渴望和工作的需要，我的学习和研究方向逐步转向社会科学领域，先后继续攻读了第二法学学士、法学硕士和法学博士学位，辗转于机械工程学院、哲学学院、经济学院和公共管理学院，但我的教学和科研始终围绕着公共管理学科，并一直工作和生活在浙江大学。

20 世纪 80 年代适逢我国经济结构和社会环境发生了巨大改变，社会学、法学、政治学等学科逐步恢复重建。1983 年 10 月，我便从机械系调到德育教研室，也就是今天马克思主义学院的部分前身。1984 年上半年，中共中央政治局作出重要决定，在部分重点高校开设思想政治教育第二学士学位班，鼓励跨学科学习。1984 年 12 月 30 日，浙江大学举行社会科学系成立大会暨思想政治教育第二学士学位班入学典礼。这个班的不少学员后来都成为各高校和机关单位的骨干。这两年脱产学习对我来说是一次重大的人生转折，让我一个工科学生进入了文科领域，系统地学习了人文社会科学知识。毕业之后我留在浙江大学社会科学系担任专业课教师。1987 年上半年，教育部委托复旦大学举办第二期"政治学概论"课程进修班，我参加了这个进修班并非常珍惜这次学习机会。学习结束后，我回到浙大，不久后被任命为思想政治教育教研室副主任。对此我感到非常意外，当时我才是 26 岁的助教，刚刚参加工作。由此开始，我就一直从事政府管理的教学科研工作。1992 年，国家教委批准浙江大学兴办行政管理本科专业。1993 年开始，浙江大学招收第一届行政管理本科生，从此开始了公共管理的学科建设。1998 年建立行政管理硕士点，2006 年建立公共管理博士点。这一路可以说是筚路蓝缕，我很荣幸全程参与了浙江大学公共管理学科申报和建设等相关工作。

董思琦：陈老师，您曾在浙江大学机械工程学院、哲学学院、经济学院、公共管理学院和法学院学习和工作过，具有典型的跨学科经历，但您的研究议题非常稳定，长期聚焦于研究权力法治与廉政治理问题，您能否谈谈您的学术选择？

陈国权：著名作家徐迟在1978年1月发表的报告文学《哥德巴赫猜想》对当时的青年产生了巨大的影响，作品描述的数学家陈景润成为一代青年人追求科学的榜样。那年我正读高二，尽管文科成绩也不错，但文理分班时毅然选择了理科班，并于当年顺利考入浙江大学机械工程学系。但没想到，大学毕业后所从事的文科专业与科学无缘，这曾经也是我的一大遗憾。2018年初，习近平总书记在十九届中央纪委二次全会上指出："自我监督是世界性难题，是国家治理的哥德巴赫猜想。"[①] 看到习近平总书记这一譬喻，我感觉自己30年的功能性分权理论研究与自己年轻时追逐哥德巴赫猜想的梦想还是有关联的。

改革开放以来，我国实现了经济的高速发展，但在政治上一直被腐败现象所困扰，我将这一现象概括为"高经济增长与高廉政风险并存"，简称"双高现象"。几十年来，我的研究一直在探索"双高现象"背后的系统性原因，希望通过对权力现象的分析，解释中国政治社会运行的内在逻辑。众所周知，权力是非常复杂的政治现象，有关权力制约监督的研究也是政治学最古老同时最具有挑战性的研究命题之一，亚里士多德、洛克、孟德斯鸠等都对此有过深入的论述。而我则是从20世纪90年代初开始探索和思考这个问题的。近十多年来，这一研究议题受到全国哲学社会科学规划办的高度重视，多次将相关议题列入国家社会科学基金重大项目的招标指南。我有幸连续四次中标，组织团队探讨中国特色的权力制约监督体系，并循序构建了一个称为"功能性分权理论"的系统化理论体系。《功能性分权：中国的探索》《权力制约监督论》《权力法治与廉政治理》是我们构建功能性分权理论的研究论著，可谓功能性分权理论研究"三部曲"。

董思琦：近年来，您提出的"功能性分权""广义政府""复合国家"等学术概念引起学界广泛关注，您能简要地给大家介绍一下理论推进的过程吗？

陈国权：我和我的团队持续关注中国改革开放以来的两个客观现象。一是"双高现象"，即高经济增长与高廉政风险并存，我国经济实现高速增长的同时，腐败现象时有发生，廉政风险如影随形，这是一项基于事实的判断。二是"法治悖论"，在依法治国进程中政府既是推进法治建设的关键力量，又是破坏

---

① 《习近平谈治国理政》第3卷，外文出版社，2020，第511页。

法治建设不可忽视的主体。我认为这里的政府指"广义政府"，包括地方党委，是国家机构和国家性质党组织的有机整体。我们的研究一直在试图解释为什么会存在高经济增长与高廉政风险并存的"双高现象"，为什么地方政府官员尤其是地方政府主要领导会在法治建设方面扮演两种极具矛盾的角色。

我们首先从当代中国政治中的权力关系来探讨产生的原因，提出了"功能性分权理论"。功能性分权是指广义政府体系中决策权、执行权、监督权间的分工。我国在推进国家治理现代化的过程中，正致力于构建决策权、执行权、监督权既相互制约又相互协调的权力结构与运行机制。

中国功能性分权的实践逐渐在执政党内部、国家体系内部以及党与国家体系之间展开。随着功能性分权实践的持续推进，在尝试解释"双高现象"与法治悖论时，一个必须要讨论的问题是权力运行的主体，即什么是中国的"国家"与"政府"？我们深刻认识到，中国现实中的"国家""政府"与建立在西方体制基础上的政治学理论体系及其概念有着明显差异。当代中国的治理是在中国共产党的领导下的，各级党组织的引领对于理解中国政府行为具有不可忽视的重要作用。然而从西方引入的政府行为理论，不能完全解释中国政党逻辑与我国特有的社会现象。显然，要理解这些差异，需要回到中国客观现实与历史脉络，去把握中国政府的构成、职能与权力运行逻辑。对此，我们提出了"广义政府"概念，对权力运行的主体进行更为清晰的界定，进一步明确权力结构的边界问题并作具体描述。在此基础上，我们进一步提炼了"复合国家"的概念，并从国家理论范畴对中西方国家形态进行了政治学意义的比较分析，认为中国真实的国家是政党形态国家和宪法形态国家的有机统一，由政党形态国家和宪法形态国家有机整合而成的、从中央到地方层级分明的政权形态，这也就是"复合国家"概念的由来。在复合国家中，公有制的经济基础诉诸效率价值，因而其广义政府以"有为政府"理论为指导，形成独具特色的制度逻辑。由此，团队进一步挖掘中国"国家"现实的独特性与理论的对话性。

董思琦：方才您指出，当前政治学、公共管理学研究遇到了"以往所建构的理论体系与中国客观现实相矛盾"的理论困境。国家、政党、政府等概念大多源于西方，而从西方舶来的概念，在解释中国现象时往往解释力不足。请您谈谈在这些概念上中西方有何差别？究竟什么是中国的"国家"和"政府"？

陈国权：好的。西方政权意义上的"国家"（State）是指公权力体系，包括立法、行政和司法机关。而中国的国家是复合的，具有独特性，是宪法形态国家和政党形态国家的统一整体。而"广义政府"作为"复合国家"的机构，不仅包括宪法意义上的国家机构，还包括了承担公共责任并行使公权力的中共中央和各级地方党委。这部分党组织客观上具有国家性质，与宪法意义上的国家机构融为一个有机的整体，构成了事实上的具有中国特色的国家机构。

具体而言，我国《宪法》规定："中华人民共和国全国人民代表大会是最高国家权力机关。"同时指出，"中国共产党领导是中国特色社会主义最本质的特征"。党的文献明确："东西南北中，党政军民学，党是领导一切的。"① 中国共产党领导是中国特色社会主义最本质的特征，中国共产党是国家最高政治领导力量。② 因而要理解中国的"国家"、理解国家的最高领导权，首先要理解党与国家的关系。

在西方，国家与社会主要体现为一种制衡的状态，其中社会通过选举、监督、媒体评论等手段来制约国家。在这一过程中，政党则充当着汇集和表达社会民意的角色，以与国家抗衡。然而在中国，政府与社会间的关系则更多地流露出一种互动和合作的相处模式，这点尤其体现在公众与社会组织对国家公共事务的参与，以及国家对社会公共服务的提供上。对中国现状的研究显示，中国共产党的众多党组织实际上已经形成了一种从国家特性到社会特性的谱系。例如，中央、省、市、县和乡镇等层级的党委被视为具有国家公权力性质的组织，被称为"国家性质党组织"，而公司、事业单位及基层自治组织中的党组织则被认为具有社会特性，因此被称作"社会性质党组织"。宪法意义上的国家行政机构与国家性质党组织构成了现实中的中国政府，即"广义政府"。

广义政府展示出既有的"政党特性"和"政府特性"，这两者构成了其"一体两面"的特点。所谓广义政府的"政党特性"，是指尽管广义政府事实上为中国的政府机构，但其领导核心和大多数成员均为中国共产党成员，从而赋予其明显的中国共产党属性。而其"政府特性"则表示，虽然广义政府的领导核心和大部分成员是中国共产党党员，但它本质上仍是中国国家（State）的一部分，具备实际的国家行政机关特征。广义政府与功能性分权理论是对中国客观现实的描述性研究，用以解释"双高现象"与法治悖论，并尝试构建紧贴中国实践的新型理论，形成理论话语体系创新。

董思琦：广义政府具有"一体两性"的特征，但许多时候，政党逻辑往往压倒了政府逻辑。那么治理过程中，我们如何抉择和调适政党治理逻辑和政府治理逻辑？

陈国权：这一问题的意义在于我们要很清楚地看到中国"广义政府"具有的双重属性及其背后的双重治理逻辑，既是政党也是政府，具有双重角色。而角色能够到位很重要，应当要防止"错位"。不同角色的治理逻辑具有差异性，有时甚至具有冲突性。比如，广义政府的政党属性所蕴含的政党治理逻辑，更

---

① 习近平：《在全国组织工作会议上的讲话》，人民出版社，2018，第2页。
② 《十九大以来重要文献选编》（上），中央文献出版社，2019，第392~393页。

加强调统治、服从、统一性和整体性，而政府属性所蕴含的政府治理逻辑，更加强调治理、发展、竞争性和区域性。根据事实经验来看，政党逻辑往往更强调政治统治功能，而政府逻辑更强调经济发展职能。广义政府的政党治理逻辑与政府治理逻辑在不同情景、不同时期下会有合理选择和调适的问题。可以说，中国当代治理最大的问题之一就是如何平衡政党逻辑和政府逻辑。

总体来说，当社会的主要矛盾是政治矛盾时，广义政府会依据政党逻辑来治理。如果经济发展和社会治理等公共管理问题上升为主要矛盾，广义政府应依据政府逻辑来治理。但稳固的政治统治是经济社会发展的前提，因此，政党治理逻辑总是主导逻辑，政府治理逻辑的调适只是相对程度的变化。而政府治理逻辑的凸显，往往也显示了政治统治稳固的条件下国家致力于经济社会发展的良好局面。

在国家治理过程中要重视政党治理逻辑与政府治理逻辑的协调，避免不恰当地过于强调政党属性而遮蔽政府属性。各级人民政府也有政党属性，在属地负责制的原则下也要从中国共产党的执政地位出发，致力于实现国家的全局发展和整体利益。广义政府如何相机抉择地调适政党治理逻辑和政府治理逻辑，是国家治理体系与治理能力现代化的重要体现。当政党属性和政府属性协调互助时，能极大地增强整个治理体系的效能；当两者的运用情景发生"错位""缺位""越位"时，则会带来治理危机。

中国的政党、国家、政府都具有中国特色，只有充分认识到这些特色，才能有效运用它们，为中国社会的发展、为中国的现代化建设做出贡献。

董思琦：此外，我们关注到您和您的团队近年来出版了一系列著作，其中《功能性分权：中国的探索》一书入选中国社会科学出版社"优秀出版成果"，清华大学景跃进教授将功能性分权理论研究成果概括为"新三权论"，认为功能性分权理论本质上是一个基于权力分析的国家理论，具有广阔的研究空间。而法治一直是国家治理中的关键难题，针对广义政府的系统性风险，您能谈谈"新三权论"的控权逻辑吗？

陈国权：事实上，我国的"广义政府"具有权力集中的特点，但如果权力过于集中就容易产生高廉政风险，腐败现象会难以遏制。每个地方政府都有推进法治建设的目标、任务和具体计划，客观上在推进我国地方治理的法治化；同时，我国地方政府又普遍存在有法不依、执法不严和违法不究的去法治化现象。从而出现了政府法治悖论，即政府既是法治建设的关键力量，又是破坏法治建设不可忽视的主体。地方政府在治理过程中主要存在政治、经济和法制三重目标，围绕不同目标的实现形成了三重治理逻辑。这三重逻辑之间存在深刻的矛盾和冲突，具体表现为：政治逻辑在地方政府的治理过程中占据主导地位，始终优先于经济逻辑和法制逻辑；当经济问题成为社会的主要矛盾，转变为政治问题时，经济逻辑就会优先于法制逻辑；当法制问题成为社会的主要矛盾，转变为政治危机时，法制逻辑就会优先于经济逻辑。在三重治理逻辑下，当经济发展成为国家的中心工作，政治问题成为迫切要应对的紧要任务时，法制逻辑往往受到冲击，从而导致地方政府"法治悖论"现象的发生。

我们研究国家机构是基于决策权、执行权与监督权三分的分析框架，并基于这一分析框架构建决策权、执行权、监督权三者之间关系的理论，这一理论被清华大学景跃进教授称为"新三权论"。"新三权论"以监督权为研究中心，以腐败现象为研究切入点，聚力研究"决策权、执行权、监督权既相互制约又相互协调的权力结构与运行机制"，构建中国特色监督理论体系，为国家治理现代化做贡献。高廉政风险可能会是我国社会主义初级阶段长期伴随的政治问题，文明的政治需要将其控制在社会可承受的水平。分权是政治文明的基础，只有建立健全决策权、执行权、监督权相互制约又相互协调的权力结构与运行机制，才能实现我国国家治理体系与治理能力现代化。

董思琦：陈老师，您和您的团队多次承担国家社科基金重大课题，这在人文社科学科领域中相当罕见。您作为首席专家正在研究的国家社科基金重大课"在新时代中对党和国家监督体系理论建设和制度完善的研究"即将结束，学术界对相关成果充满期待，想要请您谈一谈项目的主要内容。

陈国权：我和我的团队感到非常荣幸，能够在以权力法治和廉政管理为主题的研究项目中，连续四次承接国家哲学社会科学研究重大课题。对我个人来说，进行这些重大项目的研究不仅是一个学术探索的过程，也是我个人学术思维不断提炼和锻炼的过程。我提出的功能性分权理论也是在"观察现象—提炼问题—创新概念—构建理论"这一问题导向的逻辑循环中不断深化和完善的。

第四项国家哲学社会科学研究重大课题于2022年立项，是目前团队的主要研究工作。课题的核心是完善党和国家的监督体系，这既涉及理论研究的学术理辩，也需要紧密关注现实中的制度研究；它既是传统的理论议题，也是新时代的现实需求。这项课题的目标是在之前两项课题"观察现象—提炼问题—创新概念"的基础上，深入探究新时代我们党和国家监督体系中的难题和痛点，以权力制约监督的基本理论为指引，深化对完善党和国家监督体系的分析。我们试图通过研究中国的经验，推动权力制约监督一般理论的发展，并用这一理论进一步完善党和国家监督体系。目前，我们的一些研究成果已在《社会学研究》《政治学研究》《公共管理学报》等期刊中发表。详细地说，这项课题成果主要围绕以下三点展开：第一，从整体性视角认识党和国家监督体系，厘清其内涵、结构与特征，并建构起用于指导整体化推进党和国家权力监督的理论；第二，面向当前党和国家监督体系建设的关键点，包括纵向监督的有效联动、地方"一把手"的精准监督以及信息技术的监督赋能等，深入调查改革实践，揭示其内在机理，从而提供相应的改革思路；第三，立足于理论与实践的分析，从结构和过程两个方面定位权力法治化，进而为党和国家监督体系的完善提供整体性的优化方案。

董思琦：当前，纪检监察学进入国务院学位委员会编制的学科目录，成为法学门类的一级学科。作为长期关注中国纪检监察理论与实践的学者，您被聘任为中国政法大学国家监察学科的博士生导师，可以给想要学习纪检监察学科的同学们简单介绍一下吗？

陈国权：好的。纪检监察学进入国务院学位委员会编制的学科目录，成为法学门类的一级学科，这一成果来之不易。纪检监察学既需要研究者思考公共管理学或政治学学科中党和国家的制度建设、能力提升等问题；又要求掌握法学理论体系中大量的规范性知识以及实现法治的能力；纪检监察学在具有法学规范性的同时还包含了倡导性，许多方面展现出管理学要素。法学更多是基于国家制度的法律体系，而纪检监察学的依据还包括党规。因此需多角度思考纪检监察学，逐步建立起该学科应具有的独立概念和理论体系，这一工作的意义重大。

纪检监察学科关注中国特色反腐战略所面临的重要理论和实践问题，是中国特色哲学社会科学学科体系较为重要的组成部分。早在1990年时，在国家监察部的支持下，国家监察部浙江大学教育培训中心（后改建为中央纪委监察部杭州培训中心）成立，我在该中心负责教学和科研工作，投入了大量时间深耕，也因此得以接触到各级干部并真实了解到我国党政工作的现实与权力运行过程，这对我影响很深。我认为要更好地理解中国式现代化当中重要的理论问题，需要我们长期关注现实，也需要我们直面时代的大命题。党和国家的重大需求是学科建设的重要导向。在新时代全面从严治党取得历史性、开创性成就的背景下，纪检监察学科需要对党和国家监督治理体系进行系统性总结与开创性探索。

董思琦：只有把理论应用于解决实践问题，它才能持续展现其应有的活跃性。中国的学者在关注现实问题的同时，也重视对未来方向的思考，那么，请问能谈谈功能性分权理论在当前中国政治改革和廉政建设中的价值和启示吗？

陈国权：公共权力制约监督一直是我关注的重点问题。我经常将权力与资本做类比，认为资本是经济生活中的权力，权力是政治生活中的资本。实际上，政治权力作为政治生活的基本要素，存在两种形式，静态的权力结构和动态的权力过程，共同决定了政治组织的基础体系和机制。西方政治制度的主要特征就是将国家的权力分为立法、行政和司法，并形成了一种相互制约的三权分立体系。这就是政治性的分权。中国的政治制度的基本特征就是中国共产党的领导权，以及党和国家所构建的广义政府共同治理机制。这种体系在现代中国的复杂革命和政治斗争过程中形成，并且和以公有制为主导的经济基础紧密相关。

纵使西方的三权分立的政治性分权体系不适合中国,但这并不意味着我国的政治权力就不需要理性的权力分散与分工。实际上,政治的复杂性要求适当的政治分工,而政治分工又要求一定的政治分权,这是提高管理效率的必然要求。

不同于西方国家的政治性分权,在我国,政治分工与特定的政治体制相适应,实行的是功能性分权。功能性分权是从抽象层面上将政治权力分为决策权、执行权和监督权。事实上,所有国家、所有政治体制都需要进行功能性权力分工,以提高权力行使的专业性和权力运行的效率。党的十八大报告在关于权力制约监督体制的表述方面沿袭了党的十七大报告的说法,并增加了"确保"二字。党的十九大报告进一步对决策权、执行权与监督权的运行提出明确要求,强调"构建决策科学、执行坚决、监督有力的权力运行机制"[①]。党的二十大报告提出"健全党统一领导、全面覆盖、权威高效的监督体系,完善权力监督制约机制"[②]。可见,我们并不是简单地反对西方三权分立体制,而是提出要构建中国特色的权力结构与运行机制,建立中国特色的权力制约监督体制。我们的研究正是依据国家治理的客观现实,推进党和国家现代化监督体系的不断完善,为中国特色理论体系与话语创新作努力。

董思琦: 您的学术研究历程和学术创见使我们深受启发。非常感谢您接受我们的采访。谢谢陈老师!

The Quest for a Theory of General Government and Functional Separation of Powers
—An Interview with Professor Chen Guoquan

Chen Guoquan, Dong Siqi

Abstract: Power is a very complex political conception, and the study of power control and supervision is one of the oldest and most challenging research propositions in political science. Since the reform and opening up, China's political and economic development has been characterized by the "double-high phenomenon" of high economic growth and high risk of integrity, which constitutes the logical starting point of the theory of general government and functional decentralization. This theory attempts to explain the "double-high phenomenon" from the basic unit of analysis of political power,

---

① 习近平:《决胜全面建成小康社会 夺取新时代中国特色社会主义伟大胜利——在中国共产党第十九次全国代表大会上的报告》,人民出版社,2017,第37页。
② 习近平:《高举中国特色社会主义伟大旗帜 为全面建设社会主义现代化国家而团结奋斗——在中国共产党第二十次全国代表大会上的报告》,人民出版社,2022,第66页。

based on the objective observation of local governments in China, and argues that the main body of public power in contemporary China is the "general government", which is jointly constituted by the state party organisation and the constitutional state institutions. This "composite state" form of public power organization is the object of study of functional separation of powers theory, and advocates the construction of a power structure and operation mechanism in which decision-making, executive and supervisory powers are both mutually constrained and coordinated.

Keywords: Contemporary Chinese Government; Functional Decentralization; General Government; Anti-Corruption Governance

国家治理与社会治理

关于提升社会治理法治化水平的思考*

徐汉明**

【摘　要】 党的二十大报告从更好发挥法治固根本、稳预期、利长远的保障作用，在法治轨道上全面建设社会主义现代化国家的战略高度，对加快建设法治社会进行布局，提出了"推进多层次多领域依法治理，提升社会治理法治化水平"的要求。社会治理法治化，主要是指遵循"法治国家、法治政府、法治社会一体建设"的基本要求，善于运用法治思维和法治方式对社会治理事务以"自治、法治、德治"相结合的方式，形成统筹协调、优质高效、良性运行的治理状态及其善治过程。社会治理法治化作为法治社会建设的重要组成部分，构成了"国家各项工作法治化"在社会领域的重要实现形式。提高社会治理法治化水平是实施全面依法治国方略的基础性工程，必须切实落实推进多层次多领域依法治理的主要任务和基本要求。要以习近平有关平安建设的理论领航社会治理法治化；明确推进多层次多领域依法治理的目标任务；坚持和发展推进多层次多领域依法治理的制度体系；坚持和发展新时代"枫桥经验"；牢牢把握完善社会治理的总体要求，着力提升公共安全治理水平，以中国式社会治理现代化保障和服务在法治轨道上全面建成社会主义现代化强国。

【关键词】 社会治理；法治中国；法治社会；依法治国；法治化

---

* 本文系教育部哲学人文社科重大项目"习近平法治思想——以'习近平社会治理法治理论'原创性贡献为视角"（项目编号：21JZD002）的阶段性成果。中南财经政法大学社会治理法学博士研究生李辉、谢欣源、呼斯乐，硕士研究生梁亚朋、彭锐参与了本课题的研究，特此说明并致以谢忱。

** 徐汉明，中南财经政法大学国家治理学院教授，博士生导师，湖北省人文社科重点研究基地、最高人民检察院检察基础理论研究基地与检察应用理论研究基地负责人，中国刑事诉讼法学会学术委员会暨中国行为法学研究学术委员会副主任委员，湖北省中国特色社会主义理论体系研究中心特约研究员，主要研究方向为社会治理法学、网络社会治理、诉讼法学、检察学、司法管理学、刑事法学、土地产权制度等。

党的二十大报告从更好发挥法治固根本、稳预期、利长远的保障作用，在法治轨道上全面建设社会主义现代化国家的战略高度①，对加快建设法治社会进行布局，提出"推进多层次多领域依法治理，提升社会治理法治化水平"②。这对于坚定不移地贯彻"坚持依法治国、依法执政、依法行政共同推进"③"法治国家、法治政府、法治社会一体建设"④的目标要求，加快推进"平安中国""法治中国"建设，以提升社会治理法治化整体水平推进中国式法治现代化，为保障服务全面建成社会主义现代化强国、实现中华民族伟大复兴持续创造社会长期稳定新奇迹、提供国泰民安的社会环境意义重大而深远。

一 精准诠释社会治理法治化的科学内涵

社会治理法治化作为法治社会建设的重要组成部分，构成了"国家各项工作法治化"在社会领域的重要实现形式。社会治理法治化，主要是指遵循"法治国家、法治政府、法治社会一体建设"的基本要求，善于运用法治思维和法治方式对社会治理事务以"自治、法治、德治"相结合的方式，形成统筹协调、优质高效、良性运行的治理状态及其善治过程。社会治理法治化与国家治理法治化、政府治理法治化共同构成了相互依存、密切联系、协调有序运行的状态，从社会治理领域展示了"平安中国""法治中国"建设的生动场景及其宏阔景象。

从社会治理体系法治化与国家治理体系法治化的关系来看，社会治理体系法治化作为国家治理体系法治化的子系统，与其构成了密不可分的包容关系，即国家治理体系法治化是社会治理体系法治化的依据和保障；社会治理体系法治化是国家治理体系法治化在社会治理领域的表达，是国家治理体系法治化的基础。所谓国家治理体系法治化是指党在领导亿万人民百年开探、开辟、开拓、开创中国式社会主义治理现代化道路的过程中，为保障人民当家作主所创建的包括"十个坚持"⑤的国家治理制度，及在此基础上形成的"中国式国家治理新形态"。这集中体现在坚持人民民主专政的国体，人民代表大会制度的根本政

---

① 习近平：《高举中国特色社会主义伟大旗帜　为全面建设社会主义现代化国家而团结奋斗——在中国共产党第二十次全国代表大会上的报告》，人民出版社，2022，第40页。
② 习近平：《高举中国特色社会主义伟大旗帜　为全面建设社会主义现代化国家而团结奋斗——在中国共产党第二十次全国代表大会上的报告》，人民出版社，2022，第42页。
③ 《习近平谈治国理政》第2卷，外文出版社，2017，第119页。
④ 《习近平谈治国理政》第3卷，外文出版社，2020，第285页。
⑤ "十个坚持"是指坚持中国共产党"统揽全局、协调各方"的领导体系，坚持全过程人民主，坚持人民代表大会制度，坚持中国共产党领导的多党合作和政治协商制度，坚持党的领导、人民当家作主、依法治国有机统一，坚持中国特色单一制的国家体制，坚持以数字化赋能国家治理，坚持协调推进国内治理和国际治理，坚持全面从严治党、依规治党，坚持在法治轨道上推进国家治理现代化。参见张文显《中国式国家治理新形态》，《治理研究》2023年第1期。

治制度,中国共产党领导的多党合作和政治协商制度,中国特色社会主义法治体系,公有制为主体、多种所有制经济共同发展的基本经济制度,以及建立在这些制度上的经济体制、政治体制、文化体制、社会体制等各项具体制度。国家治理能力现代化则是指善于运用法治思维和法治方式执行国家制度、管理社会各方面事务,管理经济、文化及社会事业的能力。从社会治理视角则可概括为善于运用法治思维和法治方式深化改革、推动发展、化解矛盾、维护稳定、防范风险的能力。① 因此,法治社会是构筑法治国家的基础,社会治理法治化内在地合乎逻辑地体现并被包含在国家治理体系法治化之中,这是一方面。另一方面,社会治理法治化有着自身的逻辑结构,其既包括公权力部门、基层组织、行业的依法治理,发挥人民团体、社会组织依据法规及行业规范之"联系广泛、服务群众"的独特作用;又包括社会规范如市民公约、乡规民约、行业章程、团体章程、家训家教等。由此构成了与法律规范、自治规则、道德规范相结合的社会治理法治体系。

从社会治理体系法治化与政府治理体系法治化来看,社会治理体系法治化与"职责明确、依法管理"的政府治理体系法治化相交织。比如,健全突发事件应对体系、社会矛盾纠纷行政预防调处化解体系、政务诚信体系,优化法治化营商环境,对社会组织与境外非政府组织境内活动的监管、公共安全突发事件应对处置、维护国家安全等,既是加快建设法治政府的目标要求,构成了"职责明确、依法管理"政府治理体系法治化的重要内容;同时政府治理体系法治化的运行及其绩效,又需要基层群众性组织、社会组织及公众的支持,以有效释放"自治、法治、德治"相结合的社会治理体制机制的优势,促进政府各项治理事务法治化,形成政社合作的良政善治状态。而推进多层次多领域依法治理,完善基层治理体系,提高社会治理法治化水平,不仅需要国家治理制度的支撑,而且需要依托政府依法监管与行政执法,支持、帮助、服务基层群众性组织、社区组织对自身治理事务的自我教育、自我管理、自我监督、自我服务;还需要监察机关、司法机关充分履行法定职责,支持、帮助、保障和促进社会治理事务依法依规依章程办理,以提升社会治理法治化水平,从而打造共建共治共享的社会治理共同体。

社会治理法治化的内容极为丰富,具体如下。第一,目标任务层面。社会治理法治化寓于改革与法治"双轮驱动"战略布局及其实施之中。其目标任务是调节社会关系,激发社会发展活力,推动政府治理同社会调节、居民自治良性互动,确保人民安居乐业、社会安定有序、国家长治久安,建设更高水平的

---

① 《习近平在中央全面依法治国工作会议上强调 坚定不移走中国特色社会主义法治道路 为全面建设社会主义现代化国家提供有力法治保障》,新华网,http://www.xinhuanet.com/politics/leaders/2020-11/17/c_1126751678.htm。

平安中国，开创中国式社会治理法治化新道路。第二，制度安排层面。社会治理法治化依托国家治理制度体系，通过全面深化社会体制改革、加快社会治理领域制度规范建设，完善基本公共服务保障、社会自治、政社合作共治、社会矛盾化解、公共安全、公共突发事件应对、社会治安综合治理、网络社会治理、国家安全等法律制度，建设社会治理法治体系。第三，体制机制层面。完善统揽全局、协调各方的党的领导体制，联动融合、集约高效的政府负责体制，开放多元、互利共赢的社会协同体制，人人尽责、人人享有的公众参与体制，从而形成党委领导、政府负责、社会协同、公众参与、法治保障、科技支撑的社会治理体系。第四，方法手段创新层面。在推进多层次多领域依法治理活动中，须发挥自治基础、法治保障、德治引领、科技支撑作用，提高社会治理社会化、法治化、智能化、专业化水平。第五，重点任务层面。须以关口前移、源头预防，联调联动、多元化解，疏导引导、培育心态为主要内容，完善正确处理新形势下人民内部矛盾的有效机制；完善社会治安防控体系、公共安全体系、基层治理体系、基本公共服务均等化保障体系；健全国家安全体系，增强维护国家安全能力，加快推进国家安全体系和能力现代化；坚决维护国家安全和社会稳定，建设更高水平的平安中国，以新安全格局保障新发展格局。①

　　社会治理法治化之精要全面深刻。社会治理法是有关社会治理活动的各种法律规范之总和。它调整执政党、国家机关、社会组织以及公民等主体在社会治理活动中所形成的各种社会关系，确立并实现各方在社会治理活动中的权利（力）、义务（责任），以保障社会治理活动规范、有序开展，最终达成社会和谐的根本目标，实现国家长治久安，人民生活幸福康宁。虽然我国目前尚无统一的"社会治理法"法典，但有关调整社会治理法律关系的制度安排，已依据宪法相关条款内容而分别规定在各种基本法、专门法、行政法规、部门规章、地方性法规之中，构成了一个相对独立的法律部门，其内容包括社会治理法的基本原则、社会治理主体的组织法规范、社会治理行为法律规范等。这对社会治理法创制与实施起着导向、规制、指导、补充、协调的作用，其中之精要则为社会治理法的基本原则。它不仅体现社会治理法律规范的科学性与完备性，而且是社会治理法治实施、监督、保障的准则，也是提高社会治理法治化水平的基本遵循。

　　这些基本原则主要包括以下几个。一是坚持党的领导原则。历史和现实深刻启示我们，中国共产党的领导是我国创造经济高速发展、社会长期稳定、人类减贫史上、新型城镇化迅速崛起新奇迹的最大奥秘，推进社会治理法治化，建设更高水平的平安中国，必须坚持党的全面领导不动摇，充分发挥党的领导政治优势，把党的领导落实到推进社会治理现代化、平安中国建设各方面全过

---

① 《党的二十大报告（辅导读本）》，人民出版社，2022，第47页。

程，坚持党对社会治理的政治领导、思想领导、组织领导和工作领导，以中国式社会治理制度优势为人类治理文明提供新形态。二是坚持以人民为中心的原则。"坚持以人民为中心"是习近平法治思想的鲜明特征与根本政治立场，是推进社会治理法治化、建设更高水平平安中国的基本遵循。历史和现实启示我们，唯有始终坚持党的根本宗旨，强化人民的主体地位，依法保障人民权益，维护社会公平正义，着力解决人民群众急难愁盼难题，才能拓展社会治理全过程人民参与、成果人民共享、成效人民评判的途径，不断增强人民群众的安全感、幸福感和获得感。① 三是坚持源头治理原则。源头治理是指运用辩证思维的法哲学理念引领和指导社会治理活动的现代科学方式抑或治本之策。其内容包括发展权利平等享有、民生权益优先保障、国家保护义务等多个层面。四是坚持系统治理原则。系统治理是指善于运用系统思维和综合治理方式，依托经济的、行政的、文化的、民事的、刑事的等方面治理规则与社会规范、道德约束对社会治理事务有效调节与处置，形成政府治理与社会自我调节、居民良性互动，社会活力增强与社会关系协调，进而为实现以良法保善治、人民安居乐业、社会安定有序、国家长治久安提供国泰民安的社会环境，使社会治理活动持续呈现"帕累托"的优良状态。五是坚持依法治理原则。依法治理就是社会治理主体运用法治思维与法治方式，并依据社会治理法律规范对社会治理事务进行判断、裁定、处置，以实现社会治理法的实体功能与程序功能有机统一的治理活动及其治理过程。依法治理原则的主要内容包括社会治理主体中政府依法全面履职、社会组织依法依章程治理、村（居）民委员会依法规范自治、公民参与社会治理规范有序等。六是坚持合作共治原则。合作治理是指多元治理主体在社会治理领域内通过优化治理资源，搭建沟通联络、对话协商、协调互动平台及其运行机制，并依据社会治理相关法律法规和公共政策、社会公约，对公共管理事务、社会矛盾化解事务、公共安全保障事务、社会治安综合治理事务进行沟通、协商、合作、处置，以实现政府治理目标、公共利益目标与特定群体共同目标高度契合的专门治理活动及其过程，从而推动建设人人参与、人人有责、人人尽责、共建共治共享的社会治理新格局。

二 提高社会治理法治化水平是实施全面依法治国方略的基础性工程

党的二十大报告提出，要"坚持走中国特色社会主义法治道路"②，围绕保

---

① 徐汉明：《建设更高水平的平安中国》，《红旗文稿》2023年第1期。
② 习近平：《高举中国特色社会主义伟大旗帜　为全面建设社会主义现代化国家而团结奋斗——在中国共产党第二十次全国代表大会上的报告》，人民出版社，2022，第40页。

障和促进社会公平正义,坚持依法治国、依法执政、依法行政共同推进,坚持法治国家、法治政府、法治社会一体建设,全面推进国家各方面工作法治化,在法治轨道上全面建设社会主义现代化国家,并对推进多层次多领域依法治理、提高社会治理法治化水平、加快建设法治社会作出了重要部署。从现在起到 2035 年是夯实法治国家基础,建设信仰法治、公平正义、保障权利、守法诚信、充满活力、和谐有序的法治社会的关键阶段及重要时期。以推进多层次多领域依法治理、提升社会法治化水平显著成效进而推进中国式法治现代化,实现经济更高质量发展、政府更高效率管理、对外更高水平开放、人民更高品质生活、社会更加和谐稳定、社会环境更加优良,既是全面建成社会主义现代化强国的使命任务,也是其重要保障。为此,必须从全局性、基础性、战略性高度出发,加快推进多层次多领域依法治理,不断提升社会治理法治化水平。

(一)深刻认识平安中国建设取得的显著成效

党的十八大以来,以习近平同志为核心的党中央把平安中国建设置于中国特色社会主义事业全局中谋划推进,以坚定的意志品质维护国家主权、安全和发展利益,社会稳定方面的突出问题得到有效解决,城乡社会治理现代化深入推进,开辟了一条中国式社会治理现代化之路,平安中国建设取得显著成就。这包括:维护国家政治安全能力显著提升;立体化信息化社会治安防控体系建设全面形成;公共安全保障水平全面提高;社会矛盾化解取得明显成效;食品安全保障实现历史性跨越;生态空间治理成为"美丽中国"新名片;市域社会治理取得突破性进展;基层治理体系和能力现代化建设扎实推进;网络空间治理形成良好局面;公共服务保障水平显著提升;社会治理社会化、法治化、专业化、智能化水平显著提升。我国长期处于全球命案发案率最低国家行列,每年十万人中命案数为 0.56,是命案发案率最低的国家之一,现行命案破案率高达 99%;每十万人刑事案件为 339 件,爆炸案发案率连续多年下降,是枪爆案件最少的国家之一。① 据国家统计局调查,群众安全感由 2012 年的 87.55% 上升至 2021 年的 98.62%,② 十年来始终保持高位;青年群体作为中国人感到最自豪的事项中"社会安全稳定"居于首位;对当前 15 个主要民生领域现状的全国居民满意度调查中,对社会治安的满意度排在第一。③ 全国信访总量明显下降,集体信访总量已连续 11 年下降;全国法院受理的诉讼案件总数、民事诉讼案件数

---

① 郭声琨:《建设更高水平的平安中国》,载《中共中央关于党的百年奋斗重大成就和历史经验的决议(辅导读本)》,人民出版社,2021,第 109 页。
② 高莹:《数读平安中国背后的公安非凡十年》,《人民公安报》2022 年 7 月 26 日。
③ 《公安部:调查显示群众对社会治安的满意度位列第一》,光明网,https://m.gmw.cn/baijia/2021-08/27/1302515189.html。

在持续增长 15 年之后首次实现"双下降"①；脱贫攻坚战取得全面胜利，历史性地解决了绝对贫困问题，创造了人类减贫史上的奇迹。② 联合国秘书长古特雷斯祝贺中国取得脱贫攻坚全面胜利，称这一重大成就，为实现全球 2030 年可持续发展议程所描绘的更加美好和繁荣的世界做出了重要贡献。社会矛盾总量出现历史性拐点，走出了一条中国式社会治理成功之路。国际社会普遍认为中国是世界上最安全的国家之一。国际权威民调机构盖洛普发布的《2021 年全球法律与秩序报告》中，中国位列第 2 位③，"平安"已成为中国一张靓丽的国家名片。

新时代推进社会治理多层次多领域依法治理，提升社会治理法治化水平，建设更高水平平安中国，创造了弥足珍贵的新鲜经验。其启示是：必须矢志不渝地坚持以习近平法治思想为引领，善于运用法治思维和法治方式深化改革、谋划治理、化解矛盾、防范风险、促进和谐、激发活力、引领风尚、共建共治共享；善于统筹国内与国际"两个大局"，保障服务好安全与发展"两件大事"，持续创造经济更高质量发展、社会长期和谐稳定的"中国之治"新奇迹；必须坚持走中国式现代化道路，把中国特色社会主义治理制度优势转化为社会治理强大效能；必须坚持以人民为中心，展示人民的磅礴力量；着力解决人民群众急难愁盼的突出问题，拓展群众参与国家与社会治理的组织形式和制度化渠道；必须丰富发展新时代"枫桥经验"，把"枫桥经验"作为基层治理现代化的制度形态与实践样态，展示这一"东方治理文明模式"的持久魅力，开创中国式社会治理现代化新道路；必须坚持平安中国建设过程人民参与、成果人民共享、成效人民评判；必须坚持"统揽全局、协调各方"的党的领导体系的政治优势。

（二）深刻检视推进社会治理法治化所面临的形势及存在的短板

新时代新征程，世界之变、时代之变、历史之变正以前所未有的方式展开。以中国式法治现代化全面建成社会主义现代化国家，既面临不可多得的机遇也面临风险和挑战，我国的发展站在了新的更高的历史起点上。第一，物质基础更加坚实，制度保障更加完善，科技革命和产业变革带来新机遇，国际地位和国际影响力显著提升，我国以前所未有的姿态走近世界舞台的中央。④ 这为以社会治理法治化推进中国式法治现代化，为实现中华民族伟大复兴提供国泰民安

---

① 《健全完善中国特色一站式多元纠纷解决体系推动建设更高水平的平安中国法治中国》，中国共产党新闻网，http://cpc.people.com.cn/n1/2022/0824/c64094-32509778.html。
② 肖捷：《使人民获得感、幸福感、安全感更加充实、更有保障、更可持续》，《人民日报》2021 年 12 月 3 日。
③ 《人民至上的人权实践——新时代我国人权保障取得历史性成就》，中国政府网，https://www.gov.cn/xinwen/2022-05/21/content_5691666.htm。
④ 谢伏瞻：《深刻把握全面建设社会主义现代化国家面临的形势》，载《党的二十大报告辅导读本》，人民出版社，2022，第 229 页。

的社会环境奠定了坚实物质基础。第二，实现中华民族伟大复兴不可逆转的历史进程，又遭遇美国及西方发达国家的极限施压、单边制裁、贸易保护、"长臂管辖"等霸凌行径，企图中断、阻碍我国民族复兴伟业；我国发展不平衡不充分问题仍然突出；确保粮食、能源、产业链供应链可靠安全和防范金融风险等方面还须解决许多重大问题；意识形态领域存在不少挑战；城乡区域发展和收入分配差距仍然较大；群众在就业、教育、医疗、托育、养老、住房等方面面临不少难题；铲除腐败滋生的土壤任务依然艰巨。[①] 第三，社会治理领域呈现阶段性特征，这包括：社会发展领域遭遇的风险呈现国际风险与国内风险交织交错的状态；经济发展方式更加重视高质量发展，某些领域的偏差、局部地区发展所谓"弯道超越"或失常往往成为社会问题滋生的源头；有的行政执法司法人员缺乏运用法治思维法治方式处理棘手社会问题的能力，而常常成为社会矛盾激化的催化剂；人民群众对社会发展、权益保障、公共安全的"法福利"需求日益增长；[②] 等等。所有这些问题，都给推进多领域多层次依法治理、激发社会发展活力、防范化解社会风险，以提升社会治理法治化水平、助力法治中国建设提出了新挑战。为此，必须以习近平总书记关于平安建设的重要论述为引领，在洞悉百年未有之大变局的条件下，开创中国式社会治理法治化新道路新形势，应对新任务新挑战，善于抓住机遇、把握有利条件，直面和破解社会治理的重点、难点、痛点、堵点问题，增强社会治理的系统性、整体性、协调性，着力提升社会治理法治化水平。

（三）深刻认识推进多层次多领域依法治理、提高社会治理法治化水平是建设更高水平平安中国的必然要求

社会和谐稳定既是法治社会建设的目标要求，也是推进中国式法治现代化的题中应有之义，更是统筹改革与发展的基础和前提，对于实现人民幸福、民族复兴、国泰民安意义重大而深远。在开启新时代新征程的今天，我国社会活力增强，社会和谐稳定。但是，西方国家对我国分化西化的斗争日趋严峻；跨国犯罪、恐怖犯罪、网络犯罪依然突出；防范和惩治黄赌毒、食药环、盗抢骗、黑社会性质犯罪难度增大，这是一方面。另一方面，社会治理面临诸多难点，这包括：传统治理体制机制与经济社会现代化加速发展不相适应的矛盾；某些陈旧过时的法律及某些规范条文同全面深化经济体制、政治体制、文化体制、社会体制、生态文明体制等改革"打架"冲突的矛盾；公民权利意识觉醒与维

[①] 习近平：《高举中国特色社会主义伟大旗帜　为全面建设社会主义现代化国家而团结奋斗——在中国共产党第二十次全国代表大会上的报告》，人民出版社，2022，第14页。

[②] 徐汉明：《习近平社会治理法治思想研究》，《法学杂志》2017年第10期。

权理性不足的矛盾；公民依赖公权救济的诉求日益增长与对公权力部门信任度降低的矛盾；法律至上原则与熟人社会"潜规则"的矛盾；改革要求政府公权力适当退位归位与市场机制及社会组织发育不成熟的矛盾；严格执法、公正司法的规范要求与执法司法人员法律素养参差不齐、一定程度上难以适应社会治理法治建设提速的矛盾；严厉制裁违法行为的要求与违法成本低、守法成本高的矛盾；社会问题复杂性和独特性与应对方式的简单化、低效化的矛盾；全民守法的普遍要求与"少数人员"守法例外的矛盾，等等。① 法治是规则之治、程序之治、系统之治，其所具有的稳定性、连续性和权威性的功能作用，对于破解上述难题，推进多层次多领域依法治理，化解社会矛盾，防范社会风险，应对和处置重大突发事件，预防和治理犯罪，维护社会和谐稳定，建设更高水平"平安中国"具有基础性长远性作用。因此，必须深入推进多层次多领域依法治理，把社会治理各项事务纳入法治化轨道，强化法律在维护人民群众权益、调节社会关系、化解社会矛盾、激发社会活力中的权威地位，推动全社会形成行之有法、办事依法、遇事找法、解决问题靠法的良好社会氛围。②

三 切实落实推进多层次多领域依法治理的主要任务和基本要求

党的二十大报告中"关于推进多层次多领域依法治理，提升社会治理法治化水平"③的重大部署，是以习近平同志为核心的党中央统筹改革与法治"双轮驱动"战略的丰富发展，是创新社会治理体制、建设法治社会、建设更高水平平安中国十年辉煌实践的创新性总结，开启了新时代推进社会治理法治化新征程，吹响了实现更高层次统筹、更高效能治理、更优安全环境营造、更实人民期盼满足的"平安中国""法治中国"进军号，必须坚定目标、明确任务、实化措施、落实要求，以提升社会治理法治化水平的质效，保障和服务全面建成社会主义现代化强国。

（一）以习近平总书记关于平安中国建设的重要论述领航社会治理法治化

党的十八大以来，习近平总书记就推进国家安全体系和能力现代化，开创

---

① 徐汉明、陈实：《法治中国建设在湖北展开实施的若干对策建议》，中共湖北省委"决策支持"重点委托项目 201511 号文。
② 参见汪永清《推进多层次多领域依法治理》，载《中共中央关于全面推进依法治国若干重大问题的决定（辅导读本）》，人民出版社，2014，第 221 页。
③ 习近平：《高举中国特色社会主义伟大旗帜　为全面建设社会主义现代化国家而团结奋斗——在中国共产党第二十次全国代表大会上的报告》，人民出版社，2022，第 42 页。

中国式社会治理现代化新道路，建设更高水平平安中国提出了一系列新论断、新命题，新思想、新理论，新战略、新举措，形成了内容丰富、结构严密、体系完备、具有鲜明哲学实践面向与方法论的原创性经典观点。这极大地丰富发展了习近平法治思想的理论体系。习近平总书记关于平安中国建设的重要论述可概括为以下几个方面：坚持以党的领导为根本保障；[1] 坚持以人民为中心；[2] 坚持以总体国家安全观为统领；[3] 坚持国家安全系统；[4] 稳中求进的工作总基调；[5] 共建共治共享格局[6]；社会公平正义的价值追求；[7] 合理有序的目标导向；党统一领导下自治法治德治相结合的基本方式；防范化解风险的科学内涵；[8] 坚持以网上网下为共同战场；[9] 坚持以体制改革和科技创新为动力；[10] 法治社会是构筑法治国家的基础；建设覆盖城乡的现代公共法律服务体系；推进多层次多领域依法治理、提升社会治理法治化水平；必须坚定不移贯彻总体国家安全观，把维护国家安全贯穿党和国家工作各方面全过程，确保国家安全和社会稳定；建设更高水平的平安中国，以新安全格局保障新发展格局；[11] 等等。这一系列原创性经典观点丰富发展了习近平法治思想，全面阐明了推进国家安全体系和能力现代化、完善社会治理体系。其是新时代对马克思主义经典作家关于"国家与社会管理""公共安全""社会建设"等基本原理的守正创新，是对党领导全体人民开创中国式社会治理现代化新道路，实现从"社会管控"到"社会管理"再到"社会治理"的创新性总结，是21世纪马克思主义中国化时代化的原创性成果，标志着党对中国式社会治理现代化、建设更高水平平安中国规律性认识实现了新飞跃。新时代新征程推进多层次多领域依法治理，提升社会治

---

[1] 陈一新：《加快推进社会治理"七个现代化"》，《长安》2019年第5期。
[2] 《习近平在首个全民国家安全教育日之际作出重要指示强调汇聚起维护国家安全强大力量不断提高人民群众安全感幸福感》，《人民日报》2016年4月15日，第1版。
[3] 习近平：《高举中国特色社会主义伟大旗帜为全面建设社会主义现代化国家而团结奋斗》，《求是》2022年第21期。
[4] 习近平：《高举中国特色社会主义伟大旗帜　为全面建设社会主义现代化国家而团结奋斗》，《求是》2022年第21期。
[5] 《中央经济工作会议在北京举行习近平李克强作重要讲话栗战书汪洋王沪宁赵乐际韩正出席会议》，《人民日报》2021年12月11日，第1版。
[6] 习近平：《在经济社会领域专家座谈会上的讲话》，《人民日报》2020年8月25日，第2版。
[7] 《习近平关于社会主义社会建设论述摘编》，中央文献出版社，2017，第30页。
[8] 《习近平在省部级主要领导干部坚持底线思维着力防范化解重大风险专题研讨班开班式上发表重要讲话强调提高防控能力着力防范化解重大风险　保持经济持续健康发展社会大局稳定》，《人民日报》2019年1月22日，第1版。
[9] 《习近平关于网络强国论述摘编》，中央文献出版社，2021，第57页。
[10] 《习近平在中共中央政治局第二次集体学习时强调审时度势精心谋划超前布局力争主动实施国家大数据战略加快建设数字中国》，《人民日报》2017年12月10日，第1版。
[11] 习近平：《高举中国特色社会主义伟大旗帜　为全面建设社会主义现代化国家而团结奋斗——在中国共产党第二十次全国代表大会上的报告》，人民出版社，2022，第52~53页。

理法治化水平，必须深刻领会习近平总书记关于平安中国建设的重要论述的时代背景、核心内容、科学内涵、价值功能，牢牢把握其理论意义、实践意义、历史意义及世界意义，增强理论自觉行动自觉，做到真学真懂真信真用，为提升社会治理法治化水平提供正确政治方向、理论指导和实践伟力。

（二）明确推进多层次多领域依法治理的目标任务

公权力部门、基层群众性组织、人民团体、企事业单位和行业组织是社会的组成单元，在社会治理中具有重要地位，承担着各自的职责和任务，要求如下。第一，需深化基层组织依法治理，深入推进相关部门行业依法治理，促进政府部门依法行政、严格执法，社会各行业依法办事、诚信尽责；推动省（自治区、直辖市、兵团）、市（自治州）、县（自治县）、乡（民族乡、镇、街道）、社区各层次，经济、文化、社会、生态等各领域的社会治理法治化，推动国家治理、政府治理、社会治理法治建设协调互动，社会治理法治化水平整体提升。第二，充分发挥法律规范在社会治理中的基础性地位与作用；重视和善于运用市民公约、村规民约、行业规章、团体章程等多种社会规范的治理作用，引导和约束各类组织和社会成员的社会行为；善于通过企业合理自我规范解决社会问题，发挥法律规范、自治规范、企业规范、社会规范、道德规范优势互补作用，引导、调节、规范社会关系，激发社会发展活力，构建和谐社会秩序。第三，充分发挥人民团体在法治社会建设中"联系广泛、服务群众"的桥梁纽带作用。第四，充分运用综合治理社会治安的方针和方式，有效释放中国式刑事法治现代化的制度功效，把握好发展和安全的辩证统一，促进发展与安全的动态平衡，实现发展与安全互相促进；牢牢把握维护政治安全的主动权，不断提升社会治安动态防控力，切实加强安全生产风险隐患综合治理，着力提升社会治理法治化水平。

（三）坚持和发展推进多层次多领域依法治理的制度体系

新中国成立70年尤其是新时代十年，在推进国家治理体系和能力现代化进程中，形成了与国家治理新形态相关的"十大社会治理制度体系"，这包括："职责明确，依法行政"的政府治理体系；国家安全保障体系；立体化信息化社会治安防控体系；食品药品、公共卫生安全与安全生产保障体系；公共突发事件应急处置体系；生态空间治理体系；社会矛盾预防化解体系；基层社会治理体系；网络综合治理体系；党对社会治理"统揽全局、协调各方"的领导体系。新时代新征程推进多层次多领域依法治理，提升社会治理法治化水平，必须坚持和运用社会治理制度体系，善于把中国特色社会主义治理制度优势转化为治理效能，不断总结新经验，发展新成果，推进社会治理现代化。

（四）坚持和发展新时代"枫桥经验"

新时代"枫桥经验"是中国式基层社会治理的制度形态，在"自治、法治、德治"相结合，创造性地贯彻系统治理、依法治理、综合治理、源头治理，最大限度地防范社会矛盾，减少社会对抗，激发社会发展活力，促进社会和谐稳定等方面展示了"中国之治"之魅力，一定要坚持和发展新时代"枫桥经验"。这要求必须坚持源头治理，坚持落实重大决策重大风险评估等制度机制，推动更多法治力量向引导和疏导端发力，努力做到"消未起之患，治未病之疾"。必须坚持多元治理，把非诉讼解决机制挺在前面，健全社会矛盾多元预防调处化解综合机制，把重大矛盾风险防范化解在市域，把小矛盾小问题化解在基层，把大量纠纷解决在诉讼前。①

（五）牢牢把握完善社会治理的总体要求，着力提升公共安全治理水平

完善社会治理体系，提高公共安全治理水平是提升社会治理法治化水平的总体要求。一方面，要从确保政治安全、社会安定、人民安宁出发，扎实完成防控化解政治安全风险、社会治安风险、重大矛盾纠纷、公共安全风险、网络安全风险等重点任务，着力提高风险洞察防控化解治本和转化能力。另一方面，必须自觉以习近平总书记关于平安中国建设的重要论述为引领，发挥好政治引领、法治保障、德治教化、自治强基、自治支撑作用，明确从中央到地方各级党委和政府的职能定位，充分发挥各层级重要作用，完善党委领导、政府负责、群团助推、社会协同、群众参与、法治保障的体制机制，推动社会治理现代化行稳致远。

Thoughts on Improving the Level of Social Governance Through the Rule of Law

Xu Hanming

Abstract: From the perspective of guaranteeing the rule of law in strengthening the foundation, stabilizing expectations, and benefiting the long-term development, and from the strategic height of comprehensively building a modern socialist country on the track of the rule of law, the report to the 20th National Congress of the Communist Party of China laid out the rapid construction of a society under the rule of law, and put

---

① 郭声琨：《建设更高水平的平安中国》，载《中共中央关于党的百年奋斗重大成就和历史经验的决议（辅导读本）》，人民出版社，2021，第109页。

forward the requirements of "promoting law-based governance at various levels and in various areas, and improving the level of social governance through the rule of law." The rule of law in social governance mainly refers to following the basic requirements of "building a country under the rule of law, a government under the rule of law, and a society under the rule of law", and being good at using the legal thinking and the rule of law to combine social governance affairs with "autonomy, rule of law, and rule of virtue", so as to form a good governance and a good process of overall coordination, high quality, high efficiency, and good operation. As an important part of the construction of a society ruled by law, the rule of law in social governance constitutes an important form of realizing "the rule of law in all national work" in the social field. Improving the rule of law in social governance is a basic project for implementing the strategy of comprehensively governing the country according to the rule of law. It is necessary to earnestly implement the main tasks and basic requirements of promoting law-based governance at various levels and in various areas. Social governance through the rule of law must be guided by the relevant theory of Xi Jinping on safe construction. The goals and tasks of promoting law-based governance at various levels and in various areas must be clearly defined. A system of law-based governance at multiple levels and in various fields needs to be promoted and developed. The "Fengqiao Experience" has to be adhered and developed in the new era. It is also necessary to grasp the overall requirements for improving social governance, to improve the level of public security governance, and fully build a powerful modern socialist country through the rule of law with modern social governance guarantees and services peculiar to the Chinese style.

Keywords: Social Governance; Rule of Law in China; A Society Governed by Law; National Governance According to the Rule of Law; Legalization

当代中国的国家治理观

汪仕凯**

【摘　要】 中国国家治理的实质，就是指国家以及社会之中的行动主体在中国共产党的领导下，通过中国特色社会主义政治体制的有效运转凝聚成为一个整体，从而围绕着巩固政治秩序、增进公共利益、保障公民权利开展积极的合作行动。可以将当代中国的国家治理观概括为：国家与社会之间相互支持的关系是国家治理的内在结构，国家治理要以国家与社会之间相互支持的关系为基础；而国家与社会之间相互支持的关系取决于政治体制能力，政治体制能力是将制度优势转化为治理效能的关键，因而成为中国国家治理的根本支撑；中国共产党的领导和执政是国家治理的基本过程，领导和执政塑造了强大的政治体制能力；民主与法治是中国国家治理走向现代化的基本要素，中国国家治理要实现党的领导、人民当家作主、依法治国的有机统一。

【关键词】 国家治理；政治体制能力；中国共产党领导；民主；法治

一　引论

党的十九届四中全会通过的《中共中央关于坚持和完善中国特色社会主义制度、推进国家治理体系和治理能力现代化若干重大问题的决定》明确了将

---

* 本文为国家社会科学重点项目"中国共产党对国家制度和治理体系的探索实践与经验研究"（项目编号：20AZD001）的阶段性成果。
** 汪仕凯，政治学博士，复旦大学国际关系与公共事务学院教授，博士生导师，主要研究领域为现代国家建构与发展、中国共产党与国家治理、民主体制比较、历史政治学等。

"制度优势更好转化为治理效能"① 的重点问题,因此从中国政治制度的优势理解国家治理和解释治理效能,就成为中国政治学界的重大研究议题。国家治理是立足中国实践的学术概念,它既是对中华人民共和国经济发展与社会进步基本经验的总结,又是对中国走向复兴的历史进程中将面对的各种挑战的积极回应。但是,学术界关于国家治理的内涵与逻辑却未能形成比较一致的意见,关键原因就在于,作为国家治理概念经验基础的中国发展过程是在现代世界体系中实现的。也就是说,国家治理既具有现代世界政治文明的一般性,又具有中国发展经验的特殊性,所以要从理论上澄清国家治理的内涵与逻辑,就必须从根本上解决国家治理的一般性与特殊性相统一的问题。

国家治理的一般性与特殊性之间的统一,根源于中国特色社会主义政治发展道路和中国特色社会主义政治制度的自主性,当然这种自主性是中国在现代世界体系之中创造的。进而言之,中国共产党领导中国人民自主地探索国家治理、创造个人发展、实现社会进步的理论以及实践,是我们理解国家治理的内涵和逻辑的根本所在。中国共产党领导中国人民自主探索的理论和实践表明,国家治理体系就是社会主义国家的制度体系,而国家治理能力则是社会主义国家的制度执行能力。既然国家治理以中国特色社会主义制度为支撑,那么国家治理自然要受到中国特色社会主义制度的规约;既然国家治理以完善和发展中国特色社会主义制度为出发点和落脚点,那么国家治理就集中体现了中国特色社会主义的基本原理。

以上述认识为基础,笔者认为国家治理就是中国共产党领导的治国理政。进而论之,中国共产党根据领导治国理政的基本经验,已经形成了一种当代中国国家治理观。其基本内涵是:国家与社会之间的相互支持的关系是国家治理的内在结构,国家治理以国家与社会之间相互支持的关系为基础;中国特色社会主义政治体制是国家治理的基本支撑,国家与社会之间相互支持的关系取决于政治体制能力,强大的政治体制能力是将我国制度优势更好地转化为治理效能的关键;中国共产党的领导和执政是国家治理的基本过程,中国共产党领导是我国制度的根本优势所在,党的领导和执政是中国特色社会主义政治体制有效运转从而发挥强大能力的关键;民主与法治是国家治理走向现代化的基本要素,国家治理要实现党的领导、人民当家作主、依法治国的有机统一。

二 国家治理:一个中国概念

作为中国政治学界创造的新颖概念,国家治理既不同于统治又不完全等同

---

① 《习近平谈治国理政》第3卷,外文出版社,2020,第549页。

于治理，它是对中国共产党领导的治国理政基本经验的抽象概括。当然，从西方舶来的治理理论确实对中国共产党领导的治国理政产生了影响，并且国家治理的内涵也从治理理论中吸收了重要知识，但是国家治理同治理并不是同一个概念。国家治理是一个具有浓郁中国特色的分析性概念，中国共产党领导治国理政的基本经验构成了我们理解国家治理内涵的经验基础，同时中国古代治国理政的思想与传统，和西方治理理论一样也为国家治理的内涵贡献了重要知识。因此，国家治理的内涵集中反映了中国共产党在兼容并蓄的基础上探索政治发展道路、政治建设和治国理政的自主性。

中国国家治理是以中国特色社会主义制度为基本框架所展开的政治过程，而中国特色社会主义政治体制则是中国国家治理的主要支撑，中国特色社会主义政治体制也就是人民民主体制。在中国特色社会主义政治体制中，中国共产党领导是最重要的组成要素，因此中国共产党必然在中国国家治理中发挥决定性的作用。习近平总书记指出："中国共产党的领导是中国特色社会主义最本质的特征。"[①] 由此可见，中国共产党的领导以及作为其延伸过程的执政，构成了中国国家治理的核心过程。

中国几千年来积淀下来的思想和传统被糅合进国家治理中，成为推进中国国家治理不断发展的重要资源，具体可以归纳为以下几个方面。首先，民心是最大的政治，中国共产党的领导和执政必须以人民为中心，切实改善民生，不断满足人民群众的美好生活需要，保障人民的诸项权利，党的各级组织和广大党员干部必须坚持权为民所用、情为民所系、利为民所谋。其次，党在治国理政中必须贯彻群众路线，同普通民众保持密切联系。最后，国家的政权统一和主权完整是政治统治正当性的重要来源或者说是正统观念的关键组成部分，因此党的领导和执政必须将捍卫国家主权完整和实现政权统一放在至关重要的位置。

治理理论本来是西方学者用来解释现代国家政治过程新变化的思想和观点，当其被介绍到中国时就在社会科学研究中占据了重要位置，并且逐渐对中国共产党领导的治国理政产生了重要影响。治理不同于统治，它是政府以及社会力量合作应对公共事务的挑战、解决公共事务的难题、增进公共利益的过程。根据俞可平的总结，治理在四个基本方面不同于统治，并且在这些差别中彰显了自身的含义。首先，治理需要权威，但是这个权威并不一定是政府，而统治的权威只能是政府；其次，统治的权力运行方向总是自上而下的，但是治理则是一个上下互动的过程，合作、协商、认同、共识是治理的基本方式；再次，统治的范围局限于现代国家的领土之内，但是治理的范围则广泛得多，它可以在全球范围内运行；最后，统治的权威基础在于国家法律以及国家法律背后的强

---

① 《习近平谈治国理政》第 2 卷，外文出版社，2017，第 18 页。

制,而治理的权威基础则主要源于社会组织和民众的认同和共识。① 归结起来看,治理最根本的内容在于治理主体的多元化和它们之间的合作关系。

无论是中国古代治国理政的思想与传统,还是现代世界的治理理论,都对中国共产党领导的治国理政产生了影响,从而也构成了当代中国国家治理内涵的知识基础。然而,中国古代治国理政的思想和传统以及现代世界的治理理论,都是在服从于中国共产党自主探索国家治理的前提下、融合进这种自主性从而对当代中国国家治理发挥作用的。中国共产党探索国家治理的自主性集中体现在中国特色社会主义政治发展道路和中国特色社会主义制度上。习近平总书记指出:"推进国家治理体系和治理能力现代化,必须完整理解和把握全面深化改革的总目标,这是两句话组成的一个整体,即完善和发展中国特色社会主义制度、推进国家治理体系和治理能力现代化。我们的方向就是中国特色社会主义道路。"② 中国特色社会主义政治发展道路和中国特色社会主义制度是中国共产党领导国家治理的结晶,当代中国国家治理本身就是依托中国特色社会主义制度的运转而展开的。换言之,中国特色社会主义政治发展道路和中国特色社会主义制度,构成了我们理解当代中国国家治理内涵的主线。

经过上述分析,我们可以发现当代中国国家治理就是指现代国家的政治框架在整合政党、政府、社会组织以及公民的基础上形成合力共同管理公共事务的活动与过程。国家治理是依托现代国家的政治框架进行的,在整合多元治理主体、寻求多元治理主体合作方面,现代国家的政治框架发挥着关键作用。这种关键作用的结果就是国家与社会之间形成了相互支持的关系,或者说,现代国家的政治框架的关键作用,集中体现为它在多大程度上能够塑造国家与社会之间的相互支持的关系。当然,形成国家与社会之间相互支持的关系并不是国家治理的最终目的,国家治理的最终目的是巩固政治秩序、增进公共利益、改善公民权利。判断国家治理水平的基本标准就在于国家治理最终目的实现的程度,也就是说政治秩序是否长久巩固、公共利益是否持续增进、公民权利是否不断改善。

三 国家与社会之间的关系:中国国家治理的结构

中国国家与社会之间是一种相互支持的关系,具体表现为国家在不断满足民众需求的基础上获得了民众的积极支持。国家与社会之间相互支持的关系的根本之处在于一种结构化状态,社会各个群体在中国共产党领导下凝聚成为人

---

① 俞可平:《论国家治理现代化(修订版)》,社会科学文献出版社,2015,第24~26页。
② 《习近平谈治国理政》,外文出版社,2014,第105页。

民整体，国家则是以人民整体为基础建立的，人民整体掌握国家政权、行使国家权力。国家以人民整体为政治基础是国家与社会之间相互支持的关系的要义，这种相互支持的关系是中国共产党领导社会革命建立社会主义国家的历史进程的产物，并且通过社会主义政治制度将这种相互支持的关系确定下来、借助社会主义政治体制的有效运转不断巩固这种相互支持的关系。国家与社会之间的相互支持的关系构成了中国国家治理的内在结构，正是这种内在结构为中国国家治理的不断改善奠定了基础。

从国家与社会之间的关系出发，是理解国家治理概念的题中应有之义。治理理论有着强烈的"社会中心主义"色彩，它强调的是政府向社会授权、政府的局限性、政府与社会合作等内容。当治理与国家结合在一起时，国家政权在公共事务管理中的主导作用就不可避免地作为一种要素进入治理理论中，并且对治理理论进行了改造，"社会中心主义"立场被"国家中心主义"立场稀释和平衡。徐湘林认为："国家治理概念则强调了转型社会国家发挥主导作用的重要性，同时也考虑到了治理理念所强调的社会诉求，应该是一个更为均衡和客观的理论视角。"① 国家治理是包含国家与社会两种立场、两种视角的概念，所以必须在理论上对国家与社会之间关系的具体内容予以澄清，只有如此，才能恰当地把握国家力量与社会力量在公共事务管理过程中的角色、作用，准确地理解国家与社会合作的可能性、范围和强度，以及国家与社会合作对于公共事务管理的意义。

国家与社会二元分立以及相互冲突主导了学术界看待问题的思路，同时如何将国家与社会联系起来，在国家与社会二元分立的基础上构建一定的机制约束国家与社会之间冲突、寻求国家与社会之间合作，也是现代国家必须解决的问题。② 现代国家为了能够达成同社会力量的合作，必须提供社会力量进入国家、影响决策的制度化渠道，其典型形式就是代议制和政党。政党和代议制确实能够凝聚部分共识、整合一定范围的社会利益，为部分社会力量对国家的支持奠定基础，从而使政府决策获得合法性。这里特别强调了"部分"，基本的理由在于，政党和代议制并不是以代表社会整体为目的的，多数决定的原则促使政党和代议制在政治过程中以致力于获得能够确保决策通过的支持规模为限度，也就是最小支持联盟，因此必然导致一部分社会利益在此过程中被忽视或者牺牲掉。在这种情况下，国家与社会之间的合作是有限的，国家与社会之间相互支持的关系也是不稳定的。

中国国家与社会之间的关系呈现不同特征。王国斌在比较中国与欧洲的现

---

① 徐湘林：《"国家治理"的理论内涵》，《人民论坛》2014年第10期。
② 汪仕凯：《政治社会：一个中层理论》，《学术月刊》2017年第7期。

代国家形成时就发现,"国家与社会在机能上的分离与各级政府在制度上的相互独立发展"并未发生在中国,"在中国,官员与精英对国内秩序负有共同的责任,从而促进了国家与社会之间的连续性"①。国家与社会之间的连续性是中国的政治传统,在中国共产党领导的社会革命中,这种政治传统被创造性地继承下来,转化为在人民整体的基础上形成国家与社会之间相互支持的关系。中国是社会主义国家,国家与社会之间相互支持的关系是以人民整体为基础的结构化状态。具体言之,人民整体是社会主义国家的政治基础,社会主义国家就是人民掌握政权、当家作主的国家,因此人民凝聚成为一个整体是社会主义国家的根本所在。人民行使国家权力就是为了保证社会主义国家不断满足人民日益增长的美好生活需要,从而实现人的全面发展。同时,当人民能够通过社会主义国家不断满足美好生活需要、实现人的全面发展时,社会主义国家就能够得到人民的积极支持和认同。

人民的内涵在不同时期是一致的,但是组成人民的社会力量则会伴随历史发展而出现调整。人民在当代中国已经包括民众中的绝大多数,除了工人阶级、农民阶级、知识分子等社会主义劳动者,以及拥护社会主义制度和祖国统一的爱国者之外,还包括中国特色社会主义事业的建设者。党的十六大报告指出:"在社会变革中出现的民营科技企业的创业人员和技术人员、受聘于外资企业的管理技术人员、个体户、私营企业主、中介组织的从业人员、自由职业人员等社会阶层,都是中国特色社会主义事业的建设者。"② 人民是社会主义国家的政治基础,当中国绝大多数民众都被纳入人民范畴之内时,社会主义国家就在中国社会之中建立了最为广泛的支持基础。

至关重要的是,人民不是由中国绝大多数民众组成的松散集合,而是一个由领导核心塑造的整体。人民整体是中国共产党在领导社会革命建立社会主义国家的历史进程中塑造出来的,中国共产党是先锋队性质的政党,严格的组织纪律、发达的组织网络、高度集权的组织特性,使中国共产党成为具有高度内聚性的整体。中国共产党在自身成为具有高度内聚性整体的基础上,借助广泛的组织化动员进一步将广大民众团结在自己的领导下,从而形成了以中国共产党领导为中心的政治实体,即人民。人民实际上在社会革命中充当了推翻旧统治秩序的基本力量,在中国共产党领导的社会革命取得胜利之后,人民就直接成为社会主义国家的政治基础,社会主义制度就是要将人民确定和巩固下来,贯穿在社会主义制度之中的基本原则就是人民掌握国家政权、行使国家权力。

人民得到了社会主义制度的确认和巩固,于是就将国家与社会之间相互支

---

① 〔美〕王国斌:《转变的中国:历史变迁与欧洲经验的局限》,李伯重、连玲玲译,江苏人民出版社,1998,第225页。
② 《江泽民文选》第3卷,人民出版社,2006,第539页。

持的关系塑造成了一种结构化状态。保证人民成为整体对于国家与社会之间相互支持关系的巩固来说至关重要，但是人民并不是凝固成型就一成不变的事物，而是会伴随着经济发展和社会变迁发生变动，这就意味着中国共产党必须在治国理政中不断塑造人民，从而巩固国家与社会之间相互支持的关系。中国共产党在建立社会主义国家之后，就将正确处理人民内部矛盾确立为政治生活的主题，同时持续不断地推进中国共产党的建设，强化落实群众路线，探索群众管理国家事务、社会事务、经济文化事业的制度，鼓励群众监督党和国家机关的工作。这些举措都证明，中国共产党认识到，塑造人民是一个持续过程，人民必须通过连续的政治过程进行塑造。

在中国特色社会主义新时代，要将社会力量凝聚成为人民整体，在根本上取决于中国共产党领导的治国理政。只有当中国共产党仍然保持了先锋队性质时，中国共产党才能够成为凝聚人民整体的坚强领导核心。党的十八大以来，中国共产党以党员干部队伍的作风建设为切入口，深入贯彻落实群众路线，严厉查处各级官员的腐败行为，清理整顿党委和国家机关的渎职失责。但是，在新的历史条件下塑造人民整体，既要充分发挥中国共产党的领导核心作用，又要发展全过程人民民主和推进依法治国，借助参与机制、协商机制、法治机制的作用来解决凝聚成为人民整体的过程中出现的问题。

四　政治体制能力：中国国家治理的支撑

虽然国家与社会之间相互支持的关系从根本上制约着当代中国国家治理，但是国家与社会之间相互支持的关系是由政治体制确定和巩固的，这就是说，政治体制的有效运转是国家与社会之间相互支持关系的基本保障。政治体制有效运转说明其具有强大的能力，所以政治体制能力的强弱决定了国家与社会之间相互支持关系所能实现的深度与广度。中国政治体制具有强大的能力，并且中国共产党在持续不断地强化政治体制能力，这就有力地塑造了国家与社会之间相互支持的关系，从而为中国国家治理的改善提供了至关重要的资源，因此政治体制能力构成了中国国家治理的主要支撑。

从政治体制解释中国发展是社会科学研究的新议题。毋庸讳言，欧美的话语和理论在很大程度上主导着社会科学研究，很多学者坚信自由民主体制代表着历史方向，故而在从事社会科学研究时就将中国政治体制打入另册，要么否定中国政治体制的合法性与有效性，要么有意忽视中国政治体制与国家治理之间的因果关联。在此种背景下，社会科学研究对于中国发展的解释就诉诸行政官僚体制的有效性，认为高效的技术治理为中国发展提供了重要支撑。这样的解释逻辑集中地体现在发展型国家理论中，并且在国家回归学派的理论脉络中得到了进一步提升。基本观点可以归纳为：政府不能取代市场的作用，但是政府在经济发展和社会进步中的作用也是不可取代的。① 从政府或者说行政官僚体制的角度解释中国国家治理的思路，至今仍然占据主导地位，尚未得到深入的反思和修正。

中国国家治理的巨大成就无法在西方理论中得到有效的解释，因而一些具有强烈本土问题意识的学者已经开始从政治体制角度来解释中国发展。俞可平就认为以治理改革为主题内容的政治体制改革是中国改革开放取得巨大成功的根本原因之一。② 姚洋则把中国政治体制界定为中国共产党体制，他进而认为"中国改革开放之后的经济成就也许很大程度上要归功于中国共产党的制度化"③。林尚立的分析则更进一步，他指出以复合民主为实践形态的人民民主体制"在保证民主实践具有充分的人民性的同时，也大大提升了民主实践的功能性，即创造治理，促进发展"④。王浦劬和汤彬的研究同样指出，"政治"和"行政"紧密结合的党政体制，产生了政治有力引领行政、深度统筹行政、有机融通行政的中国治理的功能机制，"这种治理结构和机制的弹性空间，使得当代中国治理体制机制具有很强的包容性和适应性，并衍生出了优异治理效能"⑤。

中国学者从政治体制解释中国发展，开始成为本土政治学研究打破西方理论"解释霸权"的突破口，并将成为建构本土政治学理论的基础。本文将解释中国发展的逻辑从行政官僚体制扳回到政治体制，从而认为不是行政官僚体制而是政治体制才是有效和准确解释中国发展的关键所在，强大的政治体制能力是支撑中国持续发展、国家治理水平不断改善的根本。政治体制能力就是指塑造国家与社会之间相互支持关系的国家治理能力，具体而言，配置、控制以及操作政治权力的组织、规范、规则、程序，在构造国家与社会之间相互支持关系时的实践状态。政治体制能力最终要通过国家与社会之间相互支持的关系表现出来，国家与社会之间相互支持关系的塑造存在一系列障碍，而政治体制能力则通过解决这些障碍从而构造了国家与社会之间相互支持的关系。国家与社会之间相互支持的关系越是广泛和深厚，说明政治体制能力越是强大。反过来，政治体制能力越是强大，就越是能构造广泛和深厚的国家与社会之间相互支持

---

① 〔美〕彼得·埃文斯、迪特里希·鲁施迈耶、西达·斯考克波编著《找回国家》，方力维等译，三联书店，2009，第60~93页。
② 俞可平主编《中国的治理变迁》，社会科学文献出版社，2018，第6~8页。
③ 姚洋：《理解中国共产党体制》，载姚洋、席天扬主编《中国新叙事：中国特色政治、经济体制的运行机制分析》，格致出版社，2018，第15页。
④ 林尚立：《复合民主：人民民主在中国的实践形态》，载《复旦政治学评论》第九辑，上海人民出版社，2011，第41页。
⑤ 王浦劬、汤彬：《当代中国治理的党政结构与功能机制分析》，《中国社会科学》2019年第9期。

的关系。①

对于国家与社会之间相互支持的关系而言，社会力量复杂化、社会矛盾尖锐化、政治组织效率低下、政治行动者责任虚化，是造成民众不能凝聚成为人民整体、国家与社会之间相互支持关系难以形成的主要障碍，而要克服这个主要障碍就必须依靠强大的政治体制能力。在中国的政治体制中，中国共产党发挥着总揽全局、协调各方的领导核心作用，因此人民民主体制就能够借助各种制度的运转而获得合力。人民民主体制不仅能够进行广泛深入的政治动员，而且能够进行系统化的政治吸纳，不仅能够提供引导性的意识形态，而且能够进行全局性的利益整合，不仅能够推动改革创新，而且能够抵御发展中的风险，不仅能够提供坚定的领导，而且能够进行包容性的协商，因此人民民主体制构造了广泛和深厚的国家与社会之间相互支持的关系。

人民民主体制的强大能力从根本上是由社会主义国家决定的。社会主义国家是人民作为一个整体掌握国家政权、行使国家权力的国家，人民整体是社会主义国家的政治基础，而人民民主体制则是体现人民整体的利益、确立和巩固人民整体的政治体制，因此人民民主体制就其性质而言同中国社会和社会主义国家之间形成了有机关联。马克思十分明确地表达了这种有机关联，一方面马克思认为社会主义国家是由人民整体掌握国家政权，其实质是"人民群众把国家政权重新收回，他们组成自己的力量去代替压迫他们的有组织的力量"，②另一方面马克思认为社会主义国家的政治体制是由人民整体来规定的，"在民主制中，国家制度、法律、国家本身，就国家是政治制度来说，都只是人民的自我规定和人民的特定内容"，人民民主体制将"国家事务提升为人民事务"。③

从马克思的分析中不难发现，人民民主体制以及社会主义国家都是由作为整体的人民来规定的，所以人民民主体制和社会主义国家在根本上代表着人民的根本利益，其基本使命就是不断满足人民日益增长的美好生活需要、不断实现人的全面发展。其实，任何政治体制都是国家与社会之间的制度化渠道，都要在一定范围内塑造国家与社会之间相互支持的关系，否则政治体制就不可能存在和巩固。而人民民主体制不同于一般政治体制的地方就在于它是人民整体的自我规定，与此同时，社会主义国家又是以人民整体作为政治基础的，因此人民民主体制内在地代表着国家与社会之间相互支持的关系，其有效运转只不过是将国家与社会之间相互支持的关系转化到政治过程中，也就是将制度优势转化为治理效能。

强大的政治体制能力是中国独特的政治优势，它是中国持续发展的奥秘所

---

① 汪仕凯：《政治体制能力：一个解释国家治理兴衰的分析框架》，《学术月刊》2021年第10期。
② 《马克思恩格斯选集》第3卷，人民出版社，1995，第95页。
③ 《马克思恩格斯全集》第3卷，人民出版社，2002，第41页。

在，制度优势借助强大的政治体制能力才能更好地转化为治理效能。因此，强大的政治体制能力就是中国国家治理能够持续改善的关键支撑，同样中国国家治理在未来的发展，必须以强大的政治体制能力为凭借。强大的政治体制能力需要保证人民民主体制能够有效运转，这就意味着必须跟随时代的挑战、以问题为导向，改革创新人民民主体制有效运转所不可或缺的条件，而党的领导和执政则是这些条件中的关键部分。

五　领导与执政：中国国家治理的基本过程

领导和执政是中国共产党领导人民治国理政的两个基本方面。中国共产党是人民民主体制的核心要素，党的领导和执政是依托人民民主体制进行的，同时也是推动人民民主体制有效运转的动力机制。党的领导与执政的具体情况决定了人民民主体制的运转情况，因而决定了人民民主体制能力的强弱。中国国家治理是以人民民主体制为框架而展开的，由于党的领导和执政在人民民主体制中的关键地位，所以中国国家治理的基本过程就是党的领导和执政。当然，党的领导和执政并不能涵盖中国国家治理的全部过程，但是中国国家治理的全部过程都会受到党的领导和执政的制约，因此只有理解了党的领导和执政，才能理解中国国家治理的全过程。

人民民主体制是人民掌握国家政权在制度上的表现，但是作为整体的人民不能自发形成，而是中国共产党对社会力量进行凝聚的结果，所以人民民主体制的能力根源于中国共产党的政治能力，党的政治能力是人民民主体制能力的初始状态。中国共产党在领导社会革命建立社会主义国家的历史过程中，为了凝聚革命力量推翻旧的统治秩序，依靠民主集中制锻造出了强大的政治能力。中国共产党在建立社会主义国家时，就将自身强大的政治能力转化为人民民主体制的能力，实现了党的政治能力的制度化。中国共产党以自身为中心凝聚了人民整体，从而成为人民民主体制的核心要素和社会主义国家的领导核心，在这个过程中民主集中制就从中国共产党的根本组织原则进一步转变成为国家的根本组织原则，因此民主集中制就从内部将中国共产党、社会主义国家、人民民主体制有机统一了起来。民主集中制向社会主义国家延伸的过程，既是党的政治能力制度化的过程，又是人民民主体制的能力的形成过程。

在中国共产党成为人民民主体制的核心要素之后，党的领导和执政就成为人民民主体制有效运转的动力，依托人民民主体制而展开的国家治理的基本过程就集中在党的领导和执政上。党的领导就是指中国共产党对于国家事务、社会事务、经济文化事业以及政党自身的事务享有的权威性，集中反映为凝聚人民整体并且引导人民整体实现确定的目标。党的领导主要通过政治领导、组织领导、思想领导来实现，具体内容包括推荐国家机关工作人员、确定国家发展方向、决定国家大政方针、引导社会进步、掌握武装力量等。党的执政主要通过民主执政、依法执政、科学执政来实现，具体内容包括管理公共事务、维护公共秩序、增进公共利益、保障公民权利等。

领导与执政并非是彼此分离的，如何理解党的领导与党的执政之间的关系对于理解中国国家治理来说至关重要。执政就其一般含义来说，是同现代政府原理联系在一起的，简言之，执政就是政党遵循现代政府原理，通过法定的制度渠道进入政府机构内部，并且依照法定程序和规则行使政府权力。领导不同于执政，学术界有一种界定领导的意见认为，领导无非就是使用说服、感召、认同等机制获得权威的过程。对领导的此种解释当然符合领导科学的基本原理，也在一定程度上揭示了党的领导的内涵，这就是说，将党的领导理解成使用说服、感召、认同等机制获得权威的过程，只涉及了思想领导层面，却没有涉及政治领导和组织领导，因此仍然同党的领导的内涵相去甚远。如果只是将党的领导理解成为思想领导，那么党的领导就下降为执政的补充，这既同中国共产党的领导地位不相称，又同中国政治实践不相符。

党的领导与党的执政是相互联系并统一于国家治理之中的，党的领导更为根本，不能从执政解释领导，而是必须从领导界定执政，党的领导是两者能够实现统一的基础。中国共产党是中国特色社会主义事业的领导核心，是最高政治领导力量，这就意味着中国共产党领导相对于执政而言更为根本。习近平总书记指出："中国特色社会主义最本质的特征是中国共产党领导，中国特色社会主义制度的最大优势是中国共产党领导。"① 不言而喻，中国共产党领导同领导科学中所讨论的领导存在重大差别，其中最为关键的地方就是，中国共产党领导是一种至高权威，这种至高权威不仅来自中国民众的政治认同，而且得到了国家体制的确认和保障。可以说中国共产党领导已经深化到中国国家与社会的机体之中，定型为中国政治的内在结构性规定。②

中国共产党是最高政治领导力量，党的领导是党能够执政的基础，党的领导规定了执政的性质、体制、方式，党的执政是党的领导的延伸，党的执政贯彻着党的领导这一基本原则，并且成为实现党的领导的重要途径。就中国共产党执政的性质来看，执政必须以人民为中心，保障人民整体行使国家权力，落实人民当家作主。就中国共产党执政的体制来看，执政必须对接中国共产党的领导体制，保证党领导人民整体掌握国家政权，因此执政只能是全面执政。就中国共产党执政的方式来看，执政必须服务于党的领导，民主执政、依法执政、

---

① 《习近平谈治国理政》第3卷，外文出版社，2020，第94页。
② 相关论述可以参见汪仕凯《中国共产党领导制度的历史政治学分析》，《中国人民大学学报》2020年第1期。

科学执政都要维护和加强党的领导,同时不断改善党的领导。

中国共产党执政诚然是实现中国共产党领导的基本途径,但是中国共产党并不仅仅依靠执政来实现领导,更为重要的是,为了从根本上保证执政服从于领导、领导规定执政,中国共产党创造了一系列政治机制来保障领导地位,并且不断提高领导水平。中国共产党保障领导的运作机制既能够在党的各个工作领域独立发挥作用,又能够在各级党委的统一协调下形成合力从而发挥出强大力量。各级党委负责统一协调各种机制在本级政权的运作,党中央则负责统一协调各种机制在整个党的组织系统和全国范围内的运作,所以保障党中央的集中统一领导对于实现中国共产党领导来说至关重要。据此就不难理解,"坚决维护党中央权威和集中统一领导是坚持党的领导的核心要义"[①]。

作为中国国家治理的基本过程,中国共产党的领导和执政必然要以管理公共事务、增进公共福利、保障公民权利为主线,具体内容就是实现经济建设、政治建设、文化建设、社会建设、生态建设"五位一体"统筹推进。在未来相当长的历史时期里,经济建设、政治建设、社会建设、文化建设、生态文明建设构成了当代中国国家治理的绝大部分内容,中国共产党的领导和执政在统筹推进经济建设、政治建设、社会建设、文化建设、生态文明建设上取得的成就,将集中反映中国国家治理的水平。在统筹推进"五位一体"中,中国共产党的领导和执政毫无疑问构成了基本过程,但是领导和执政之间有分工的必要,执政就是聚焦于落实和完成已经确定的"五位一体"目标,领导就是聚焦于为发展提供动力。"五位一体"统筹推进是一项系统性工程,必须以改革创新为动力才能完成,而实现改革创新则是中国共产党的使命所系。只有改革创新,中国共产党才有生机和活力,只有依靠中国共产党领导才能推进改革创新,进而为"五位一体"协调推进提供动力。

六 民主与法治:中国国家治理的现代化

民主与法治既是中国国家治理迈入现代化轨道的基本标志,又是推动中国国家治理实现现代化的关键资源,所以民主与法治就是理解当代中国国家治理观不可或缺的维度。推进中国国家治理现代化就是要提升中国国家治理体系和治理能力的民主化水平、法治化水平,而作为人民民主体制核心要素的中国共产党,也就必须将民主和法治作为推进党的建设伟大工程的关键资源,从而将民主和法治内化到自身的根本原则中去。民主与法治构成了中国共产党同国家

[①]《〈中共中央关于坚持和完善中国特色社会主义制度、推进国家治理体系和治理能力现代化若干重大问题的决定〉辅导读本》,人民出版社,2019,第12页。

治理现代化之间的新纽带，一方面中国共产党要在国家治理现代化的过程中汲取民主和法治资源，另一方面又要以党的建设伟大工程推进国家治理的民主化和法治化。

在当代中国国家治理中，民主就是全过程人民民主，全过程人民民主的实质则是人民当家作主。党的二十大报告指出："全过程人民民主是社会主义民主政治的本质属性，是最广泛、最真实、最管用的民主。"① 全过程人民民主意味着广大人民群众对于公共事务的管理能够产生持续的、有约束力的影响。具体而言，首先，全过程人民民主的价值是实现人的全面发展，所以人民当家作主不仅涉及公民政治权利行使，而且关注公民社会与经济权利的改善；其次，全过程人民民主的客体是公共事务，主要有国家事务、经济与文化事务、社会事务，公共事务管理的成效是检验人民当家作主实现程度的重要标尺；最后，全过程人民民主的核心是中国共产党领导，党的领导将人民凝聚起来，从而人民才能整体掌握国家政权，并为人民当家作主奠定了根本政治基础。

国家治理现代化要求发展全过程人民民主，也就是要充分发挥人民在国家治理中的主体地位，调动人民的积极性、主动性、创造性，使之成为推进国家治理现代化的资源，"人民群众的决定作用"同生产力的发展一道构成了当代中国社会发展的双重动力。② 同时人民民主能够保障国家治理以人民为中心，不断增进公共福利、维护公共秩序、保障公民权利，致力于人的全面发展的实现。就整体而言，发展全过程人民民主要不断完善人民民主体制，因为当代中国国家治理就是依托人民民主体制而展开的，着力解决阻碍人民民主体制有效运转的问题，通过改革创新来创造体现人民当家作主原则、符合中国政治发展实际需要的机制，从而为人民民主体制的有效运转增添动力与活力。动力就是指人民群众的广泛政治参与，并且越来越相信通过人民民主体制的有效运转，能够保障和改善自身的社会与经济权利。活力就是指人民内部客观存在的利益矛盾，这些利益矛盾越是能够被输送到人民民主体制之中实现利益整合，那么人民民主体制的活力就越强。

发展全过程人民民主必须同国家治理现代化结合起来，也就是说全过程人民民主的发展要同国家治理水平的提高协调推进，因此发展全过程人民民主必须将完善选举民主和探索协商民主同等重视。选举民主就是人民选举代表组成人民代表大会行使国家权力的制度形式，选举民主解决了国家权力及其决策的合法性问题。但是全过程人民民主不能仅仅局限在选举上，国家权力及其决策不仅要遵循程序，而且要体现人民意志，这就需要协商民主。协商民主就是人

---

① 习近平：《高举中国特色社会主义伟大旗帜　为全面建设社会主义现代化国家而团结奋斗——在中国共产党第二十次全国代表大会上的报告》，人民出版社，2022，第37页。
② 杨耕：《东方的崛起：关于中国式现代化的哲学反思》，北京师范大学出版社，2009，第213页。

民围绕着国家权力的运行过程——特别是决策——施加有约束力的影响的制度形式，协商民主不仅能够解决国家权力及其决策的合法性问题，而且能够解决国家权力及其决策的有效性问题。林尚立指出："协商民主不仅是中国民主发展的要求，而且也是中国这样大型国家创造有效治理的要求，因此，其在中国的建设和发展任重道远。"[1] 协商民主实际上提供了人民在国家权力具体运行中发挥制约作用和提供政治支持的关键机制，它能够使国家权力既受到制约又具备有效性，因此协商民主代表了全过程人民民主的重要发展，它对全过程人民民主而言具有重大的战略价值。

法治在中国国家治理中就是依法治国。党的二十大报告指出："全面依法治国是国家治理的一场深刻革命，关系党执政兴国，关系人民幸福安康，关系党和国家长治久安。"[2] 依法治国的实质就是宪法和法律享有最高权威，任何国家机关、政党、社会团队、民间组织以及公民都必须在宪法和法律规定的范围内展开行动。陈明明指出，同中国特色社会主义这一规定联系在一起，将法治置于中国条件约束下和社会主义性质规定下，是依法治国最鲜明的特质。[3] 具体而言，依法治国包括以下几个方面的内容。首先，党领导人民制定宪法和法律，宪法和法律规定行为规则，党和人民遵循宪法和法律的规定，任何组织和个人都不得享有高于法律的特权。其次，宪法和法律既要限定国家机关的权力，又要保障公民个人的权利，因此依法治国不只是一种程序，更重要的在于它是一种价值规范，公平正义是法治的内在精神。再次，依法治国是实质法治与程序法治的统一，实质法治就是指依法治国必须符合共产党的宗旨和意识形态规定，程序法治则是指依法治国的普遍性、稳定性、有效性以及程序性，实质法治与程序法治的统一在于中国共产党领导。最后，依法治国的关键是在法治中实现党的领导，这就意味着法治要保障党的领导，同时党的领导要在法治范围内进行，通过法治来实现。

推进全面依法治国，"必须更好发挥法治固根本、稳预期、利长远的保障作用，在法治轨道上全面建设社会主义现代化国家"[4]。具体来说，首先在于推进依宪治国，因为宪法是基于人民同意"建立政府而达成的社会契约"的集中体现，宪法确定"政治架构及其建制蓝图"[5]。由此可见，依宪治国必然有利于完善人民民主体制和巩固中国共产党领导。其次在于完善法律体系，提高立法的

---

[1] 林尚立：《当代中国政治：基础与发展》，中国大百科全书出版社，2017，第370页。
[2] 习近平：《高举中国特色社会主义伟大旗帜 为全面建设社会主义现代化国家而团结奋斗——在中国共产党第二十次全国代表大会上的报告》，人民出版社，2022，第40页。
[3] 陈明明：《双重逻辑交互作用中的党建与法治》，《学术月刊》2019年第1期。
[4] 习近平：《高举中国特色社会主义伟大旗帜 为全面建设社会主义现代化国家而团结奋斗——在中国共产党第二十次全国代表大会上的报告》，人民出版社，2022，第40页。
[5] 〔美〕路易斯·亨金：《宪政·民主·对外事务》，邓正来译，三联书店，1996，第7页。

质量和科学水平,将国家治理和人民生活的基本方面都纳入法治轨道,实现有法可依;尤其是要将权力置于法律的严格规定之下,切实做到依法行政。再次在于确保树立宪法和法律的权威,除了以宣传和教育等手段增强法治观念以外,特别需要利用重大法治事件有针对性地矫治违法行为,弥补法治观念的缺位。最后在于实现公平正义,依法治国的效果要由人民来评价,而公平正义则是人民作出评价的基本标准,所以公平正义是依法治国的规范性内涵的要件。

国家治理现代化要求推进全面依法治国,这就是说,既要依靠依法治国来完善国家治理体系,又要依靠依法治国来协调政治精英与群众的集体行动,从而提升国家治理能力。全面依法治国是国家治理现代化的迫切需求,"只有依靠法治,才能使国家的体制架构、国家的战略决定、国家的政策调整、国家的政治生活,不因领导人的更迭、领导人看法和注意力的变化而改变,从而达到国家的长治久安"①。国家治理现代化意味着必须依照法治精神和制度规则来界定国家治理过程,从而使得国家治理能够稳定和可预期地推进,进而实现国家治理绩效长期稳定地积累,现代化的国家治理就是在这种长期稳定的积累中逐渐发展起来的。

国家治理现代化要以民主和法治为重要资源,中国共产党作为国家治理现代化的最高政治领导力量,也必须以民主和法治来强化党的建设伟大工程,可以说中国共产党将民主与法治作为推动自身建设的关键资源,本身就是国家治理现代化的要求,因为中国共产党在推动国家治理现代化的进程中也要根据时代要求和历史挑战不断革新。中国共产党是先锋队性质的政党,党在国家中的地位和作用,同党对现代化建设规律的掌握有着紧密关系。民主与法治是人类社会现代化的结晶,中国共产党从创建之初就将民主集中制确立为根本原则,民主集中制本就具有民主和法治的因素,党内民主和党纪党规就是民主和法治在中国共产党的组织机体中的初始形态。中国共产党以民主和法治作为关键资源推动自身建设,就是要使党内民主和党纪党规获得进一步发展,增强它们在党的领导和执政中的作用。

以民主作为强化党的建设的关键资源,集中体现为完善党内民主。党内民主意味着保障各级党组织和党员的权利,健全党委集体决策机制,提升党的代表大会在决定党的重大活动中的地位,保证党的代表大会的权力。以法治作为强化党的建设的关键资源,就是要使法治精神内化为先锋队性质的组成要素。法治精神同党的领导是一致的,俞可平指出:"宪法是在党的领导下制定的,体现了党的根本主张。执政党带头遵守宪法和法律,带头维护宪法和法律的权威,实际上就是维护自己的执政权威,增强自身的执政合法性……任何削弱宪法和

---

① 陈明明:《发展逻辑与政治学的再阐释:当代中国政府原理》,《政治学研究》2018年第2期。

法律权威的行为,任何违背法治国家的行为,其实都是削弱党的领导的行为,也都是违背党的利益的行为。"① 只有在法治精神融进了党的先锋队性质的前提下,依规治党才能获得关键基础。而对于党的建设伟大工程来说,法治资源可能比民主资源更为重要,不仅是因为党内民主必须得到党内法治保障,而且是因为法治与民主集中制有着内在一致性,坚持民主集中制必须依赖党纪党规才能落实。

推进中国国家治理现代化,必须发展全过程人民民主和实施全面依法治国,当民主和法治深度介入国家治理现代化进程时,中国共产党也必须伴随着国家治理现代化水平的提高,以民主与法治作为强化自身建设的关键资源。党内民主与党内法治,就同全过程人民民主和全面依法治国产生了深刻共鸣并且相互促进。毫无疑问,中国共产党借助民主和法治资源推动自身建设,最终也将进一步推进中国国家治理的现代化。

七 结语

政治现代化道路是中国式现代化道路的重要组成部分,由政治现代化道路积淀的丰富成果也是人类文明新形态的基本组成部分,当代中国国家治理模式则是中国式政治现代化和现代政治文明的生动写照。而当代中国国家治理观则是从政治方面对中国式现代化道路和人类文明新形态的理论总结,同时也是用中国政治学自主知识体系对中国式政治现代化道路和现代政治文明的集中呈现。当代中国国家治理观是以中国共产党领导治国理政的基本经验为基础的,其精神内核是中国共产党领导人民开辟中国特色社会主义政治发展道路、创立中国特色社会主义政治制度、探索中国特色社会主义国家治理模式的自主性和自觉性。当代中国国家治理观以及它所集中反映的政治实践过程,不仅彰显了中国本土的问题意识,而且构成了本土政治学理论得以创建和发展的重要基础。

Views on National Governance in Contemporary China

Wang Shikai

Abstract: The essence of China's national governance refers to the active cooperation between the state and society under the leadership of the Communist Party of China, through the effective operation of the socialist political system with Chinese characteristics condensed into a whole, so as to consolidate the political order, promote public

---

① 俞可平:《论国家治理现代化(修订版)》,社会科学文献出版社,2015,第213~214页。

interests, and ensure the rights of citizens. The national governance in contemporary China can be summarized as follows: the relationship of mutual support between state and society is the internal structure of national governance, and national governance should be based on the relationship of mutual support between state and society. The mutual support between the state and society depends on the political institutional capacity, which is the key to transform the institutional advantages into effective governance, and thus forming the cornerstone of China's national governance. The leadership and governance of the Communist Party of China constitutes the basic process of national governance, and the leadership and governance have developed into a strong political institutional capacity. Democracy and the rule of law are the essential requirements for the modernization of China's national governance, and China's national governance should make true the organic unity of the Party's leadership, the people's ownership of the country, and the rule of law.

Keywords: National Governance; Political Institutional Capacity; Leadership of the Communist Party of China; Democracy; Rule of Law

城乡基层治理

中国共产党领导农村基层治理的百年探索历程及基本逻辑[*]

李增元　伍　娟[**]

【摘　要】 中国共产党领导农村基层治理走过了百年探索历程。中国共产党领导下的农村基层治理经历了革命战争年代农村革命根据地基层政权建设与维护农民利益，计划经济时代政社合一的农村治理体制的构建与集体主义的探索，改革开放以来以农民为主体的"乡政村治"治理新模式与治理活力的激发，新时代党建引领"三治融合"农村基层治理体系再造与多元善治的探索四个时期。经过百年历史探索，农村治理主体呈现从"一元"到"多元"的多元化变迁，治理内容呈现从"政务"到"村务"的服务化转变，治理目标呈现从"建立新政权"到"乡村现代化"的现代化转向，治理体制呈现从"纵向集权"到"横向分权"的灵活性发展。中国共产党领导农村基层治理的百年探索，价值逻辑体现为实现人的自由而全面发展的内在要求，理论逻辑体现为马克思主义国家学说及其中国化的理论启示，主体逻辑体现为中国共产党作为农村基层治理领导主体的独特优势，实践逻辑体现为农村问题的解决与发展的实际需要。

【关键词】 党建引领；农村基层治理；人的发展

一　问题的提出

中国共产党成立以来，无论是领导革命时期还是建设社会主义时期，都高

---

[*]　本文为国家社科基金重点项目"新时代农村重大社会风险及其治理能力提升研究"（项目编号：21AZZ009）的阶段性成果。

[**]　李增元，法学博士，曲阜师范大学政治与公共管理学院教授，博士生导师，山东省泰山学者青年专家，乡村振兴与城乡基层治理研究中心主任，主要研究方向为基层社会治理；伍娟，四川商务职业学院马克思主义学院专任教师，主要研究方向为基层社会治理。

度重视农村问题,强化对农村基层的治理。农村基层治理对农业农村现代化、国家政权建设、社会主义现代化建设都具有重要的作用。党建引领农村基层治理的百年探索经历了几个重要阶段,展开了什么行动,在一百年探索历程中呈现什么样的特点,其基本逻辑是什么,弄清楚这些问题能够为新时代农村基层治理提供何种养分,是学界的重点探讨内容。

学术界围绕党领导农村基层治理方面展开的研究,大多将关注的目光集中于中华人民共和国成立70年、改革开放40年来的时间跨度和视角研究农村治理。围绕中华人民共和国成立70年党领导农村基层治理的研究,张卫波指出,"党的初心和使命集中体现在如何处理好党群关系,如何改善人民生活,以及如何实现农村基层治理的制度化、法治化等方面"[1]。李世敏指出,70年来的党领导农村基层治理的政策"基本围绕着'控制—汲取—激活'三个维度进行展开与切换"[2]。李华胤指出70年的"农村治理体制创新发展都是为了追求更加有效的治理"[3]。吴理财从国家逻辑出发对中华人民共和国成立以来70年的农村治理进行研究,指出"每个历史时期的农村治理的主题及其内容并不相同,可是它在社会主义中国却一以贯之地遵循着国家的基本逻辑"[4]。丁志刚、王杰运用内容分析、历史与逻辑相统一的方法对农村治理70年的演进与内在逻辑进行分析,并指出"不论从哪种视角,乡村治理都可以被理解为由治理目标、治理主体、治理客体、治理方式等构成的完整体系"[5]。围绕改革开放以来农村基层治理的研究,蒋永甫、周磊指出,"农村社会治理结构的演变遵循着由外生型治理结构向内生型治理结构的内在演变逻辑和善治的方向发展"[6]。马驰春、马华则对改革开放40年来农村基层治理进行了回顾并进行经验总结,指出"中国乡村治理四十年实践所积攒的宝贵经验蕴含着执政党初心、国家力量和农民群众智慧"[7]。滕明君、张昱对于建党百年来农村基层治理范式的演变进行梳理,指出百年历程中中国共产党"始终坚持以人民为中心的价值取向,不断增强人民群众的幸福感和获得感,不断推进乡村治理向制度化法治化的发

---

[1] 张卫波:《从党的初心使命看新中国成立70年来的农村基层社会治理》,《青海社会科学》2019年第6期。

[2] 李世敏:《控制、汲取、激活:中华人民共和国70年农村治理政策的三个维度》,《湖北民族学院学报》(哲学社会科学版)2019年第3期。

[3] 李华胤:《农村基层治理体制实践与发展70年:有效的视角》,《中国农业大学学报》(社会科学版)2019年第5期。

[4] 吴理财:《中国农村治理变迁及其逻辑:1949~2019》,《湖北民族学院学报》(哲学社会科学版)2019年第3期。

[5] 丁志刚、王杰:《中国乡村治理70年:历史演进与逻辑理路》,《中国农村观察》2019年第4期。

[6] 蒋永甫、周磊:《改革开放40年来农村社会治理结构的演进与发展》,《中州学刊》2018年第10期。

[7] 马池春、马华:《中国乡村治理四十年变迁与经验》,《理论与改革》2018年第6期。

展方向迈进"① 的嬗变逻辑。李冬慧从村级党组织功能转向出发,研究中国共产党农村基层治理百年历程,指出村级党组织"逐渐从动员型党组织、全能型党组织、引领型党组织转变为协调型党组织,目前正在向新时代统合型党组织演变"②。

总的来说,学术界对党领导农村基层治理各方面进行了深入研究,但大多数研究集中于70年、40年时间维度,以及从单一内容视角例如治理组织、治理结构、治理逻辑等进行深入研究分析。而至今党领导农村基层治理已经跨越了一百年历程,学术界关于党领导农村基层治理百年历程的系统性研究薄弱,且大多数集中于启示经验。对于党领导百年农村基层治理的基本特点以及基本逻辑少有学者有所涉及,这正是本文研究的重点所在。

二 中国共产党领导农村基层治理百年探索的基本历程

中国共产党自建立以来,一直高度重视农村基层治理诸问题,这是因为"乡村治理水平直接影响着国家治理现代化的整体成效"③。随着理论的不断深化、实践的不断发展,与时俱进地在农村基层治理中采取不同的治理模式,在一百年农村基层治理征程中形成了具有中国特色的农村基层治理之路。

(一)革命战争年代:党在农村革命根据地展开基层政权建设与维护农民利益

在革命战争年代,中国共产党动员广大农民群众参与革命,推翻旧政权,建立新政权。在实践中,在农村建立起党的基层民主政权,将权力深入农村,实现了党对农村的领导与治理。"农民协会"是中国共产党领导建立的农村基层政权的最初萌芽。早在党的一大、二大、三大上,就对如何组建农民自己的组织、开展农民运动进行了探索。浙江萧山、广东海丰等地纷纷建立农民协会,领导农民展开打土豪、分土地、经济斗争、经济建设等活动以维护农民利益就是其早期体现。1927年,中央通告农字第9号对农民协会的性质进行了明确定位,指出"所以农民协会在现时就是乡村中穷苦农民联合其他小资产阶级的革命的政治联盟——农会政权"④。此后农民协会作为乡村政权在中国共产党领导

---

① 滕明君、张昱:《建党百年来乡村治理范式的嬗变逻辑及新时代启示》,《西南民族大学学报》(人文社会科学版)2021年第3期。
② 李冬慧:《中国共产党乡村治理的百年实践:功能嬗变与治理趋向》,《探索》2020年第3期。
③ 林毅、刘玲:《"政党中心":中国共产党整合乡村社会的现实逻辑及其调适》,《社会科学研究》2021年第3期。
④ 《建党以来重要文献选编(1921~1949)》第4册,中央文献出版社,2011,第359页。

的农村地区广泛建立起来。在第一次国内革命时期，中国共产党展开了以建立农民协会为核心的农村基层政权尝试。利用农民自组织对农村事务进行管理，对农民进行动员，有效地维护了农民利益。

土地革命战争时期，中华苏维埃共和国临时中央政府建立。这一时期乡村苏维埃政权为基层政权，苏维埃政权实行普遍选举制度，并且根据农村的实际情况采取规范的选举程序和合适的选举方法。面对农民对土地的迫切需求，中国共产党领导开展了土地革命。没收地主阶级土地按人口平分，满足了农民对于土地的迫切要求。这一举措不仅提高了农民生产的积极性和主动性，进而提高了农村生产力，而且展现了中国共产党基层政权是代表农民群众利益的强大力量，获得了人民的广泛支持与认可。中国共产党在苏区根据地省、县、区、乡四级都建立工农基层民主政权，将中国共产党的权力深入了乡一级，"是我们党建立自己的基层政权的最初尝试"①。面对日本帝国主义侵略，为联合各阶层一致抗日，中国共产党在抗日革命根据地建立了抗日民主政权。抗日民主政权在农村实行"三三制"原则，积极吸收接纳抗日的非党进步群众，打破了乡村传统权威对基层政权的控制。实行普遍、平等、直接的基层选举模式，采取适当的选举和投票方式，让民众直接广泛参加选举。因地制宜建立根据地的基层组织机制与农村管理方法，实施区、县、乡三级体制，乡村政权为基层政权，在乡之下设置行政村、自然村，设立村主任、村长进行管理。通过这些举措将农民群众牢牢团结在党的周围，为抗日战争取得胜利奠定了基础。而在解放战争时期，贫农团是土地改革时期农村最高权力机关，改变了以往社会治理体系中少数精英进行治理的模式，贫农也在农村治理中活跃起来。而农民组成的农民协会则设立村农会全体会员大会作为最高权力机构来对农村进行治理。这一时期，贫农团和农民协会都是基层政权组织，不过具有临时性的特点。土地改革完成后，贫农团与农民协会就被村民代表会议取代。新民主主义革命时期，在中国共产党领导下国家权力向下延伸，实现了推翻旧政权、建立新政权的革命目标。

（二）计划经济时代：政社合一的农村治理体制的构建与集体主义的探索

中华人民共和国成立之初，中国共产党着手对农村旧政权进行改造。在农村各地建立起县—区政府—乡（行政村）三级、县—区公所（县派出机构）—乡（行政村）两级的行政体系对农村进行治理。在这一时期，行政村成为乡之

---

① 孙艳红、付平：《中国共产党在农村基层社会进行制度探索的历史与启示》，《中共福建省委党校学报》2004年第12期。

下的最低一级国家政权组织，将国家权力深入到村庄一级。其在维护新生政权稳定、保障乡村秩序、推进国家权力深入乡村方面发挥了重要作用，由此建立起全国范围内统一的社会治理结构，维护了乡村社会的稳定发展。此后，为了实现国家工业化、凸显社会主义制度的优越性、维护新生的人民民主政权，党领导农村展开了农业社会主义改造、农业生产合作化运动等。这些举措"使农民社会前所未有的国家化了"①，将国家权力全面渗透到乡村社会。进而建立起"三级所有、队为基础"的人民公社治理体制，以人民公社—生产队—生产小队三级自上而下纵向集权的行政组合，实现了国家对农村的全面有效管控。这一时期，中国共产党在农村实行党一元化领导。在党的一元化领导下，国家治理能力大大提高，在乡村开展安排生产计划，完成征购任务，管理生产建设、财政贸易、民政、文教、卫生、治安、民兵和调解民事纠纷等工作，治理内容涉及经济、政治、文化、卫生、军事等方方面面。这些治理内容都是在"农业支持工业"的国家政策下开展的。生产队这一基层政权组织的主要任务集中于完成国家自上而下发放的例如收缴税费、计划生育、征兵征粮、农副产品派购等行政任务，农村公共事务被国家行政事务所掩盖。总体来看，这一时期农村基层治理是在党的一元领导下，以维护新生政权、实现国家工业化为目的，围绕收缴税费、计划生育、征兵、征购粮入库、农副产品派购等上级行政任务内容，自上而下深入展开的全面控制农村的过程。

（三）改革开放以来：以农民为主体的"乡政村治"治理新模式与治理活力的激发

党的十一届三中全会的召开拉开了改革开放的序幕，随着改革开放以及经济体制改革的不断深入，原有"政党合一"的一元化治理体制不适应新的发展要求。在这样的背景下，党领导广大农民对基层治理模式进行了有效探索，最终形成了"乡政村治"的农村基层治理模式。在这一治理模式下，乡镇政府作为农村基层政权组织、最低一级国家行政机关在农村重新建立起来，向上执行上级国家机关的意志，向下指导村庄开展自治工作。在这一基层治理模式之下乡镇和村庄之间并非领导关系，而是指导互助关系。这一体制一方面改变了人民公社时期党政不分，对农村政治、经济、文化高度管控的治理状况；另外赋予农民农村公共事务自治权，广大农民群众拥有了作为农村基层治理主体客体参与农村公共事务治理的权力。而作为农村基层治理主体的村委会除执行乡镇政府布置的行政任务外，治理内容重心开始向乡村内部事务转变，开展社会救济、教育卫生、治安保卫、民事调解、组织生产等村庄内部自治事务满足广大

---

① 徐勇：《政权下乡：现代国家对乡土社会的整合》，《贵州社会科学》2007 年第 11 期。

村民的基本需求。这一时期"乡政村治"治理体制的建立，是以实现乡村现代化为目的开展的。通过赋予乡村事务治理有效空间，不仅增强了农民群众对党和国家的支持与认可，而且提高和促进了广大农民群众对于民主政治生活的认识与追求，使得广大农民群众的思想不断解放、不断进步，促进了乡村社会现代化进程。改革开放以来的农村治理，主要是以乡镇政府与村民委员会二元主体，为实现农村现代化目标围绕乡村各项公共事务等开展的活动。

（四）新时代：党建引领"三治融合"农村基层治理体系再造与多元善治的探索

进入21世纪，在乡村经济社会快速发展的过程中，农村基层治理面临如乡村公共事务治理无人管、无人理等诸多新问题。与此同时，在现代化发展中广大农民主体意识、民主意识不断增强，各种社会组织、社会力量积极参与到农村基层治理中来。他们弥补了基层政府与村民自治组织提供公共服务的不足，推动党的农村基层治理进入新阶段。这一时期，随着中央对农村治理采取"多予""少取""放活"的新政策，"资源汲取"转变为"资源输入"，国家加大对农村公共服务供给，乡镇政府也开始由原来的"管制型"政府向"服务型"政府转变。2004年以来历年的"中央一号文件"，都强调指出加强农业和农村基础设施建设，改善灌溉、饮水、道路、沼气、水电等围绕农民生产生活必需的基础设施；发展农村教育、医疗、交通、文化、社保、扶贫等社会事业以满足农民除了生产之外的公共服务需求。此后还提出加强生态建设、农村环境建设、平安乡村建设、思想道德建设等不仅限于农民自身而且有益于乡村发展的建设事业。2013年"中央一号文件"提出有序发展民事调解、文化娱乐、红白理事会等社区型社会组织。2015年"中央一号文件"提出激发农村社会组织活力，重点培育和优先发展农村专业协会类、公益慈善类、社区服务类等社会组织。2018年"中央一号文件"提出要构建农村基层治理新体系，坚持自治为基，建设法治乡村，提升德治水平。在党和国家的支持和引导之下，乡村社会逐渐培育起农村基层治理多元主体。共青团、妇联等群众性组织以及工会基层组织、民兵组织、红白理事会等新型农村社会组织逐步加入农村基层治理。农村基层治理主体结构由二元结构转变为以乡镇政府、农民组织、社会组织、企业、新乡贤等为主体的多元主体结构，并逐渐建立起"自治、德治、法治"相融合的农村基层治理体系。在三治融合治理体制中，村委会、红白理事会、农村经济合作组织、乡贤理事会、法律咨询团等村级自治组织、社会组织以自治、法治、德治为治理手段来对乡村进行治理。在这一时期，农村基层治理的内容更多的是重视满足农民的多样化需求。除了在农村基层党组织的领导下解决生产生活所必需的基本设施需求外，还满足了农民对于教育、卫生、文化、交通等公共服务的多元化需求,以及对于乡村环境、安全、文明等更高级别的需求。支持鼓励多元主体参与,充分利用多种治理手段,进而实现乡村现代化发展目标。

三 中国共产党领导农村基层治理百年探索的基本特点

从党的百年农村基层治理的基本历程可以看出,治理主体日趋多元化,治理内容更加突出"服务性",治理体制更加灵活。从革命党转变为执政党之后,党领导农村基层治理正向实现农村现代化的方向迈进。

(一)"一元"到"多元":农村治理主体的多元化变迁

党领导农村基层治理百年探索经历了治理主体由"一元"到"多元"的转变过程。在新民主主义革命时期,党领导革命根据地、解放区等部分地区以政府、农民协会、农民组织为具体执行组织对乡村进行治理。中华人民共和国成立后,逐步建立起集农村治理、政治组织、经济管理"三位一体"的人民公社基层政权组织。党成为集党、政、经、社为一体的农村基层治理的唯一权威主体。改革开放后,农村基层治理改变了人民公社时期的一元化治理模式,建立起"乡政村治"治理体制,形成了以村级党组织与村委会为核心的二元权力结构。与此同时"在市场经济的带动之下,农民作为交易的主体,其主体意识、权利意识、民主意识等明显加强"[1],参与农村基层治理的意愿更加强烈。中国共产党也关注到农民想要积极参与农村基层治理的意愿。通过大力培育发展社区服务性、公益性、互助性社会组织,鼓励多种性质的农村社会组织参与到农村基层治理中来,逐步迈向了农村基层治理主体的多元化。随着新时代的到来,我国社会主要矛盾发生了重大变化。人民的基本生活需要已经得到满足,人民日益增长的美好生活需要和不平衡不充分的发展之间的矛盾引导着民众积极参与到治理过程中来。而实现以人民为中心的治理,不断满足人民群众对美好生活的向往是中国共产党义不容辞的责任。中国共产党大力培育发展多元服务主体,不断提升农业公益性机构服务能力,支持农业经营性服务组织的发展,创新农业社会化服务的方式和手段。选派第一书记,吸引高校毕业生、农民工、机关企事业单位优秀党员干部到村任职,加大农村青年党员培养发展力度,提高农村基层治理中正式主体的治理能力。加强农村精神文明建设,充分发挥乡规民约、新乡贤在农村基层治理中的作用。这些举措不断扩展参与农村基层治

---

[1] 蔡斯敏:《乡村治理变迁下的农村社会组织》,《西北农林科技大学学报》(社会科学版)2012年第5期。

理的主体范围与主体类型，逐步形成共建共治共享的治理格局。

（二）"政务"到"村务"：农村治理内容的服务化转变

党领导农村基层治理的百年探索在治理内容上呈现从"政务"向"村务"转变的"服务性"倾向，"前者指执行国家法律、法规、政策规定的各项行政任务，后者指自主管理村庄公共事务"①。在新民主主义革命时期，党领导农村基层治理的主要内容涉及基层政权建设、农民运动、土地改革、社会改良等。可以看出虽然有涉及农村公共事务的部分，比如土地问题以及社会问题等，但其并不是从主观上以农村社会事务治理为目的自主展开的，而是在特定的历史背景下，为调动广大农民进行革命和建设而进行的行政任务。因而这一时期农村基层治理的内容以"政务"为主。中华人民共和国成立至改革开放之前，这一阶段，作为基层政权的生产队，主要承担着自上而下的收缴税费、计划生育、征兵征粮等行政工作，以及部分公共基础设施建设、生态环境保护、社会福利保障等基层治理工作。结合治理背景，这一时期对于村庄内部事务的治理，都是为了服务于工业国建设的需要、服务于对乡村剩余资源的汲取而展开的。因而这一时期的农村基层治理，带有强烈的政治色彩，内容以"政务"为主，"政务"主导"村务"。改革开放后，基层政府逐步由"管制型政府"向"服务型政府"转变。基层政府不仅利用税收、补贴等优惠政策吸引乡镇企业、吸引各种社会资本来对农业、农村进行建设和改造，而且还加大对农村基础设施建设、农村福利政策的倾斜。例如扩大公共财政覆盖农村的范围、保障务工农民合法权益、普及巩固农村九年义务教育、县级统筹农村中小学教师工资、建立农村最低生活保障制度等，保障了农民基本生活需要。而乡村社会组织的加入更是弥补了乡镇政府、村委会在公共服务上的空缺。从2004年以来历年的"中央一号文件"中可以看出，农村基层治理内容在新时期以来也更加关注村庄内部事务与村庄建设，不仅强调发展事关农民群众利益的农村教育、卫生、文化、社会保障、扶贫、交通等社会事业，还强调加强生态建设、农村环境建设、平安乡村建设、思想道德建设等更高级别的需求。而新时代以来的农村基层治理在新的历史条件下新增了一系列符合新时代特征的新内容。围绕乡村振兴战略、乡村精神文明建设、脱贫攻坚战、乡村生态环境治理等方面展开设计部署，围绕农业供给质量较低、农民能力不足、农村生态环境问题突出、城乡差距依然存在、农村基层治理能力有待强化等农村的不平衡不充分问题进行综合治理。可见这一时期较改革开放前治理内容重心逐步向"村务"进行转移，注重满足

---

① 吕德文：《乡村治理70年：国家治理现代化的视角》，《南京农业大学学报》（社会科学版）2019年第4期。

农民群众的多样化需求与减轻农民的负担，而非服务于政治需要的，其目的是为农村农民谋利益。

（三）建立新政权到乡村现代化：治理目标的现代化转向

从百年农村基层治理的历史来看，党领导农村基层治理的目标呈现由建立新政权向乡村现代化的转变。从中国共产党建立到中华人民共和国成立，这一时期农村基层治理的目标始终围绕着推翻旧政权、建立新政权。而从中华人民共和国成立以来的农村基层治理来看，"整个70年的乡村治理变迁，始终都围绕推进农业农村现代化而不断调整乡村治理的政策与方式"①，其目标都是实现乡村现代化。中国共产党诞生之后在局部地区进行了农村基层治理的尝试。第一次是国内革命时期，建立起农民协会来进行农民运动、减租减息、社会改良等活动。土地革命时期，改变乡绅控制农村的局面将国家权力、党组织深入乡一级，积极展开互助合作运动、文化教育运动等。抗日战争时期与解放战争时期开展基层政权建设，增强农民革命和民主意识。可见新民主主义革命时期为中国共产党领导广大农民进行革命奠定了良好的基础，这一时期的治理内容都是为实现推翻旧政权、建立新政权的目标而展开的。在中华人民共和国成立之后，以社会主义鲜明的国家形态改变传统落后的以家族、传统文化风俗作为农村基层治理的重要手段，进而实现农村基层治理基层组织的社会主义国家化、乡村现代化、社会主义现代化。改革开放后，党领导改变不适应经济社会发展要求的人民公社治理体制，建立起"乡政村治"治理体制。农村基层治理不再由单一的基层党组织来对乡村社会各方面进行一元化治理。通过向社会、向基层放权，保障了农民作为农村基层治理主体与客体的权力和自主性，实现了农村基层治理主体由一元向多元的转变，推动了农村现代化进程。进入新时代，中国共产党提出国家治理体系和治理能力现代化，对于农村治理的目标是实现农村基层治理体系和治理能力现代化。围绕这一目标，党领导建立起"自治、法治、德治"三治融合的治理体制。在这一体制之下，治理主体更加多元化。各类社会组织纷纷投入农村基层治理之中，打破乡镇政府、村民自治组织二元治理结构，形成以乡镇政府、村民自治组织、社会组织为主体的多元治理结构。治理手段更加丰富，将法律、乡规民约、优秀传统文化等作为农村基层治理的重要手段，实现自治、法治、德治相结合。同时村民民主法治意识得以增强，打破了"乡政村治"时期乡镇政府与村委会的行政化，提高了作为农村基层治理主体与客体的村民参与农村基层治理的积极性和主动性，在乡村社会形成了

---

① 蒋永穆、王丽萍、祝林林：《新中国70年乡村治理：变迁、主线及方向》，《求是学刊》2019年第5期。

自治、民主、法治的治理氛围，推动了农村现代化进程。

（四）"纵向集权"到"横向分权"：治理体制的灵活性发展

"现代国家的理想治理体制是纵向统一和横向多元的有机结合。"① 纵向国家权力的高度集中，有利于保障作为主权国家的一致性。横向农民自主性主体性的发挥，各种社会组织的积极参与，农村社会充满自由与活力，进而形成纵横交错的治理网络。我国党领导农村基层治理体制呈现由"纵向集权"向"横向分权"转变的理想化发展。中国共产党建立以来，在新民主主义革命时期，中国共产党在农村领导广大农民群众发起农民运动，进而建立起中国共产党所领导的严密组织机制和权力网络。将国家权力第一次深入到了乡村一级，实现了自上而下的对于农村的垂直管理。中华人民共和国成立后到改革开放前，党领导建立起自上而下高度集权的纵向集权体制——"人民公社"治理体制。随着这一体制的建立，权力高度集中到国家手中，实现了国家对农村政治、经济、文化等进行自上而下的全面管控，将国家权力延伸到了全国农村的各个角落。改革开放新时期，建立起"乡政村治"治理体制。在这一治理体制下国家已有的对农村的权力渗透与控制并未被破坏，而是将村委会等村民自治组织作为国家基层治理组织的补充，进行横向分权，拓展了农村基层治理横向主体。21世纪以来，国家权力再次下沉，向基层社会输入资源。在基层治理中，通过政策、资源的输入强化提升基层社会管理与服务能力，同时向基层社会分权，提升各种社会力量参与社会治理的积极性。新时代在"三治融合"治理体制之下，自治、德治、法治作为农村基层治理的重要手段，不仅提高了农村基层治理的制度化、规范化程度，而且提高了农民进行自治的自主性以及治理效能，同时吸引共青团、红白理事会、乡贤理事会、法律援助团等社会组织以自治、德治、法治为载体进入农村基层治理之中。由此农村基层不断进行"横向分权"，实现了社会成员可以通过各种自组织表达和反映自己的意见和要求的目的。国家权力自上而下不断纵深到农村，治理主体不断横向拓展，除了正式权威主体外各类社会成员组成的组织、团体纷纷投入农村基层治理，逐渐形成了纵横交错的严密的农村基层治理网络，实现了农村基层治理体制的理想化发展。

四 中国共产党领导农村基层治理百年探索的基本逻辑

从中国共产党成立以来党领导农村基层治理的百年探索来看，其主要目标

---

① 徐勇：《现代国家的建构与村民自治的成长——对中国村民自治发生与发展的一种阐释》，《学习与探索》2006年第6期。

是实现农民自由而全面的发展。从中国共产党领导农村基层治理的理论指导可以看出，党始终坚持用马克思主义国家学说及其中国化的理论引导治理实践。从中国共产党领导农村基层治理的实践内容可以看出，党领导农村基层治理始终聚焦农村问题的解决与发展的实际需要。中国共产党领导农村基层治理百年历程并不断取得卓越成绩，有其内在逻辑。

（一）价值逻辑：实现人自由而全面发展的内在要求

党领导农村基层治理百年探索是实现人的自由而全面发展的内在要求。马克思曾经将人的历史发展分为三个阶段：人的依赖关系阶段、建立在对物的依赖关系基础之上的人的独立性的阶段、人的自由而全面发展的阶段。中国共产党领导农村基层治理就是为了实现共产主义，实现人的自由而全面的发展。马克思曾经指出，在共产主义社会中的农民可以"随自己的兴趣今天干这事，明天干那事……这样就不会使我老是一个猎人、渔夫、牧人或批判者"[1]，在这里，马克思所强调的是每个人都得到自由个性的全面发展，从而成为自由独立的人。中国共产党所领导的百年农村基层治理为实现人的自由而全面发展奠定了坚实基础。在中国共产党成立之前，中国农民不仅在政治上不独立，深受封建主义官僚主义的剥削压迫，而且在经济上不独立，多依附于地主，受到大地主大官僚的压迫。中国共产党成立后，在新民主主义革命时期，中国共产党在局部地区展开农村基层治理，特别是基层政权建设、减租减息斗争、"政党下乡"、民主选举以及社会主义教育、移风易俗等，满足农民对于政治、经济、社会等方面的部分需求。这些治理举措增强了农民的阶级意识以及民主意识，引导农民通过斗争改变阶级状况和生活状况。此后，在中国共产党的领导下，农民不仅获得了政治解放，由被剥削压迫者转变为国家的主人，而且在思想、文化、心理等方面也获得空前解放。在中华人民共和国成立初期，土地改革使农民获得了经济解放。改革开放后，农民不再受人民公社时期三级管理体制自上而下的重重束缚与支配。实现了"由政治生活的边缘阶层向核心阶层转化，正从传统意义上的政治人转变为现代意义上的政治人"[2]，获得了管理乡村事务的民主权利，能够在村庄进行自我选举、自我监督、自我管理、自我服务。经济上，在党的领导下进行了经济体制改革，农民逐步拥有了完整的土地财产权。有效维护了农民的经济利益，保障了农民私有财产权，实现了农民在经济方面的解放。新时代，党领导建立起"三治融合"治理体制，不仅将治理主体扩大为多元主体，而且引入了道德和法律两种治理手段。此后各种农民组织不断成

---

[1] 《马克思恩格斯选集》第1卷，人民出版社，2012，第165页。
[2] 李长印：《中国农民四次解放的回顾与思考——兼论中国农民问题的实质》，《调研世界》2008年第1期。

长壮大，农民自治的意识和能力不断增强，基层民主自治得到不断发展进步，农民的政治权利得到保障和扩大。在社会发展权利上，随着中央对农村治理采取"多予""少取""放活"的政策以及农村公共服务供给的不断增强，广大农民的各种需求不断得到满足，社会发展权得到进一步扩展。这些都为农民的自由而全面的发展奠定了坚实基础。

（二）理论逻辑：马克思主义国家学说及其中国化的理论启示

马克思主义经典作家对于国家的本质与职能、国家与社会的关系、国家政权的建设等问题进行深入思考，为中国共产党领导百年农村基层治理奠定了理论基础。中国共产党在坚持和继承马克思主义国家学说的基础之上，根据中国的实际情况把马克思主义国家学说中国化，进行创造性转化和创新性发展，为中国共产党领导百年农村基层治理的不断发展提供了理论保障。马克思主义认为国家作为统治工具具有政治统治和社会管理两种职能。在新民主主义革命时期到改革开放以前，中国共产党在农村工作的重心主要是社会革命、政权建设、稳定政权等政治任务，农村基层治理中党和国家的重心主要围绕"政治统治"而展开。这一阶段国家与社会的关系呈现国家与社会的一体化趋势，国家以一种强制性的力量进入了乡村社会各个方面。这一时期的基层治理组织人民公社不仅是行政组织还是经济组织，对农村政治、经济、军事、文化等各个方面进行全方位的管控。马克思恩格斯曾经对未来理想的共产主义社会做出过设想，在他们的头脑想象中，未来社会的生产资料由全社会共同所有。但与此同时他们也认识到"这种占有只有在实现它的物质条件已经具备的时候，才能成为可能，才能成为历史的必然性"①。改革开放前的农村基层治理正是忽视了社会发展的现实基础，未具备实现马克思主义理想社会中的由社会占有全部生产资料的国情、社情。改革开放后，中国共产党对于马克思主义国家学说的理解进一步深化，在理解国家职能中两大职能的关系方面，特别强调要重视社会管理职能，认为如果忽视了社会管理职能一味强调政治统治职能"不但阶级统治无法维持，而且它自身的存在也会受到威胁"②。在这样的理论指导下，中国共产党领导农村基层治理的实践坚持国家与社会二元化原则，将农村基层治理的重心转变为经济建设、文化建设、社会公共服务等社会管理层面，建立起"乡政村治"治理体制。代表国家权力的乡镇政府将权力收缩至乡镇一级，在村庄设立村民自治机构，给予村民自主权来对村庄公共事务进行治理。乡镇政府逐步由"管制型政府"转变为"服务型政府"，"其主旨就是在提高和尊重农民的主体

---

① 《马克思恩格斯文集》第3卷，人民出版社，1995，第631页。
② 唐兴霖：《论国家的层次和职能》，《社会主义研究》1999年第3期。

地位的前提下，变'全能政府'为'有限政府'，变'控制'农村为'服务'农村，为农村经济社会发展保驾护航"①。新时代以来，我国社会主要矛盾转变成为人民日益增长的美好生活需要和不平衡不充分的发展之间的矛盾。城乡之间的差距依然存在，城乡不断融合的趋势以及农民对于美好生活的要求也不断促使农村基层治理中国家权力再次进入乡村。基于此建立起党建引领下多元主体协同参与农村基层治理的"三治融合"治理体制，国家权力再次回归乡村与社会相统一，更多地将政策、资源、服务带入乡村，鼓励各种民间组织、社会组织、社会精英等参与农村基层治理，满足新时代农村农民对于农村基层治理的新要求，实现乡村社会善治。

（三）主体逻辑：中国共产党作为农村基层治理领导主体的独特优势

中国共产党自建立以来都自觉承担起农村基层治理的重任，这是由于中国共产党在农村基层治理中具有鲜明的优越性。首先，中国共产党具有科学的理论指导。中国共产党从成立之初就将马克思主义作为指导思想并与中国实际相结合，创造性地将党工作的重心放在了农村，进行政权建设与农民动员。中华人民共和国成立以后，在毛泽东合作化思想、农业社会主义改造思想的指导下，党对农村的治理以集体主义为指导，对农村进行全面管控，建立起"政社合一"的人民公社治理体制。在改革开放后，在邓小平农业经济思想的指导之下，农村不仅实现了村民自治，而且建立起家庭联产承包责任制，调动了农民生产生活的积极性。今天，我们仍旧在马克思主义理论的科学指导下，创造性地提出"乡村治理机制""乡村治理新体系""乡村治理现代化"的概念与目标，提高了农村基层治理的水平。正是由于中国共产党具有马克思主义科学的理论指导，才取得了新民主主义革命胜利、中华人民共和国成立及社会主义制度的建立、巩固和发展等重要成就。其次，中国共产党具有严密的组织体系。今时今日，中国共产党已经建立起"遍及全国（台湾在外）各地区、各部门、各社会基层单位的组织严密的组织体系"②。在新民主主义革命时期，中国共产党不仅将党组织与军事单位相联结，而且将党组织与基层政权、各类群众团体相结合，在农村建立起涵盖军事、政权、社会范围内党的严密组织。中华人民共和国成立之后，中国共产党领导开展了合作化运动、人民公社化运动，建立起党政合一的"人民公社治理体制"。实现了"支部建在村上""支部建在生产单位"，将党的基层组织在全国范围内的乡镇村庄建立起来。改革开放后至今，中国共产党面对新形势创造性地在外出务工的党员集中的地方设立党支部，在村办企

---

① 舒永久：《马克思国家与社会关系理论及其对我国乡村治理的启示》，《探索》2013 年第 1 期。
② 赵生晖：《党的建设教程新编》，人民出版社，1991，第 186 页。

业、个体工商户、专业合作社等组织中建立起党支部。"通过'依托建'党组织的形式，不仅扩大了党组织的覆盖面，而且实现了党建与富民的相互融动、保障了党对这些新经济组织、新社会组织的领导核心地位"①。最后，中国共产党具有坚实的群众基础。中华人民共和国成立前，中国共产党领导农民开展打土豪、分田地、土地革命等活动并领导农民取得新民主主义革命胜利，使农民成为国家的主人，满足了农民对于土地、农业生产、经济建设等方面的需求。在中华人民共和国成立初期对农业的社会主义改造，实现了生产资料个体所有到生产资料的集体所有，"使人民群众成了生产资料的主人，这是几千年来中国人民第一次真正得解放、翻身作主人"②。改革开放后到新时代前，中国共产党领导农村经济与行政管理体制改革、社会主义新农村建设、统筹城乡发展等实践，使农民真正拥有管理农村公共事务的权利，而且满足农民对于基础设施以及基本公共服务的需求。新时代以来，中国共产党领导乡村致力于全面建成小康社会、脱贫攻坚、乡村振兴等，不仅全面建成了小康社会，而且完成了脱贫攻坚的目标任务。这一百年中党在农村治理中践行群众路线，使中国共产党拥有无可比拟的群众组织力和社会号召力，真正获得了民心。

（四）实践逻辑：农村现实问题的解决与农村发展的实际需要

中国共产党领导百年农村基层治理是农村社会所面临的现实问题的解决以及农村社会不断发展的必然要求。历史不断证明，只有中国共产党才能够领导革命不断走向胜利，才能够领导中国人民不断走向繁荣和富强。而农村社会所面临的各种问题也只有中国共产党的领导才能够解决。中国共产党领导百年农村基层治理以中国农村所面临的各种问题为实践导向。新民主主义革命时期，封建主义与人民大众之间的矛盾在乡村体现为地主、官僚等对于农民的剥削压迫。剥削阶级对于农民生产生活所必需的土地资源的大批量把控，使得大量少地无地的农民不得不向地主、官僚租赁土地。面对这一时期农村社会存在的土地问题，中国共产党在党成立初期、土地革命时期、抗日战争时期、解放战争时期都采取过不同的土地政策，颁布了《井冈山土地法》《兴国土地法》《临时土地政纲》《五四指示》《中国土地法大纲》等文件。领导农民在其统治的局部地区开展了减租减息斗争、土地改革运动等以解决这一时期农村的问题，满足农民对于土地的需求。中华人民共和国成立之后，党的八大指出我国社会的主要矛盾是人民对于建立先进的工业国的要求同落后的农业国的现实之间的矛盾，人民对于经济文化迅速发展的需要同当前经济文化不能满足人民需要的状况之

---

① 杨群红：《改革开放30年农村基层党组织建设的实践与探索》，《中州学刊》2008年第5期。
② 陆轶之：《建党百年中国共产党确立和坚持"群众路线"的实践与经验》，《学术探索》2021年第1期。

间的矛盾。这一矛盾在乡村社会的表现是历经战乱的广大农村民生凋敝,存在生产力低下、生产资料不足、无组织无纪律等多种问题。这样的治理现状不仅不能够满足农民对于经济文化迅速发展的要求,更不能够满足农业农村发展为工业化建设提供资源进而实现先进工业国建设的要求。于是中国共产党领导农村开展农业合作化运动、农业社会主义改造,将农民、农业、生产资料等高度集中起来。农民成为统一的公社社员,在人民公社中集中生产生活;农业生产什么,生产多少都由人民公社统一部署安排。在当时的社会历史环境下,顺利实现了对农业的社会主义改造,维护了新生的中华人民共和国政权。有力地将农民组织起来,置于党的管理与控制之下,促进了农村生产力的发展,对工业发展与社会主义建设进行了高效的资源供给,农村经济文化相应地获得了一定发展。改革开放以来,面对农村社会的主要问题,中国共产党领导农村社会开展了经济体制改革以及行政管理体制改革,提高了农民进行农业生产的积极性与主动性,提高了农业生产力。同时,建立起"乡政村治"治理体制,增强了农民主人翁意识,不仅提高了农民参与民主政治的积极性、主动性与能力,而且推动了农村社会文化等事业的发展。新时代以来,我国社会主要矛盾再次发生变化,这一社会主义矛盾在乡村社会的主要表现为农民对于美好生活的需要与发展不平衡不充分之间的矛盾。在此背景下,党中央提出了乡村振兴战略,推动乡村全面振兴,将乡村现代化发展与基层治理创新推向新高潮。

The Centennial Exploration Course and Basic Logic of the CPC Leading Rural Grass roots Governance

Li Zengyuan, Wu Juan

Abstract: The CPC has led rural grass-roots governance for a hundred years. The century-old process of rural grass-roots governance led by the Party has experienced the construction of grass-roots political power in rural revolutionary base areas and the maintenance of farmers' interests in the era of revolutionary war, the construction of rural governance system with the integration of politics and society in the era of planned economy and the exploration of collectivism, and the stimulation of the new governance model and vitality of "rural governance and village governance" with farmers as the main body since the reform and opening up The Party building in the new era leads the exploration of four periods of "three governance integration" rural grass-roots governance system reconstruction and multiple good governance. After a hundred years of historical exploration, the main body of rural governance has shown a diversified change from "unitary" to "pluralistic", the governance content has shown a "strengthened service level" from "government affairs" to "village affairs", the governance goal has changed from "building a new regime" to "rural modernization", and the governance system has developed from "vertical centralization" to "horizontal decentralization". The centennial exploration of rural grassroots governance led by the CPC, the value logic is embodied in the internal requirements of realizing the free and comprehensive development of people, the theoretical logic is embodied in the Marxist theory of the state and its theoretical enlightenment of sinicization, the main logic is embodied in the unique advantages of the CPC as the main body of rural grassroots governance, and the practical logic is embodied in the four aspects of the actual needs of rural problem solving and development.

Keywords: Party Ledding; Rural Grassroots Governance; Human Development

基层治理的实践逻辑与法治面向
——基于治理视角的道德性分析

卢 毅

【摘 要】 面向民众的基层治理常常面临诸多困境，由此成为学界关注和探讨的重要焦点。在法制逻辑之下，基层治理通常作出有利于管理和约束民众的规范解读，并通过表达机械性情感、增设程序性事项和提高审查标准等措施来影响民众处理事务，导致共情机制松弛、互动成本提升及治理难度增加。化解基层治理困境的有效方式是建构法治面向，通过作出有利于帮助和服务民众的规范解读，并辅之理解性善意、程序性简化和权益性提示等行动，以最大限度地实现民众的意愿和幸福，从而优化共情机制、提升民众参与度以及增进基层治理效能。法治逻辑在基层治理实践中能够更好地体现出"以人为本"的理念，有助于实现社会公正、明确行动预期和扩展最大幸福。

【关键词】 基层治理；法制之治；法治面向；道德性

基层治理是国家治理的重要组成部分，对于国家治理体系和治理能力现代化建设意义重大。法治建设则是国家治理能力和治理体系的重要依托，要在法治轨道上推进国家治理体系和治理能力现代化。[①] 因此，基层治理的实践机制和法治逻辑在学界受到了广泛关注。在强调依法治国的前提下，中国基层治理处于改革与发展的过渡期，在传统法制治理方式和现代法治治理路径之间存在

---

* 本文为教育部重点研究基地重大项目"权利视野下的法治政府研究的理论与实践"（项目编号：16JJD820005）、2023年吉林大学"法学与政治学交叉研究"项目的阶段性成果。
** 卢毅，吉林大学法学院博士研究生，吉林大学理论法学研究中心研究员，主要研究领域为法治理论和法律社会学。
① 习近平：《坚定不移走中国特色社会主义法治道路 为全面建设社会主义现代化国家提供有力法治保障》，《求是》2021年第5期。

"钟摆效应"。在基层治理水平螺旋式上升的过程中,应当看到法治逻辑是新时代基层治理现代化的重要面向,其关键在于将具有实质价值追求的法治精神落实到基层治理实践之中。在基层治理过程中,法律规则既是工具又是目的,法治在实质层面强调基层治理者对法律规则进行符合目的的规范解读。通过治理者对法律规范的解释,基层治理的法治面向需要进一步加强对公共权力的约束,树立"权利本位"[①]的法治思维理念,宣示以人为本的道德性价值与内涵,从而根本性地化解基层治理的困境。

一 问题的提出

处于变局之中的中国社会,在改革开放至今发生了深刻的变迁。在这种前所未有的断裂式转型之中,必然酝酿着潜在的社会问题与危机,并将在秩序演进中不可避免地呈现。基层作为人群集聚之地,是权利主体之间互动的主要场域,成为化解社会矛盾与纠纷的主要窗口。[②] 因此,社会转型所带来的巨大压力在基层得以释放,基层陷入了治理困境,也面临着前所未有的治理难题,寻求破解之道已然刻不容缓。不可否认,基层治理在近些年中整体上获得大幅改革与完善,取得了一些令人骄傲的成绩。然而,在现实生活中,基层治理仍然面临着诸多困境与不足。即使在国家层面上高度给予重视,基层治理也仍未走出以往的窠臼。如果说基层治理不善仅是个案,那么讨论其存在的问题莫过于吹毛求疵,从而会失去其理论意义。但是,基层治理不善似乎是整体层面上的情形,在城乡之间、区域之间普遍存在,甚至于直接跳脱出了地方经济发展水平、基层治理人员数量、社会治理经验等一般意义上的归因要素。于是,笔者不禁反思,基层治理到底出了什么问题?这种问题背后的根本原因是什么?我们应该如何对待这些问题?

聚焦以上问题,本文的初步看法是:在基层治理层面遇到的问题,恐怕不仅仅是基于社会现实层面上的治理行动问题,而是超越行动问题本身的治理理论问题,即探究法治之"治"的真实内涵。[③] 究其目标,基层治理的最终目的是实现"善治"[④],而善治背后则是法与道德因素的深度融合。[⑤] 当然,在研究如上理论问题时,需要借用一定的理论工具来进行观测,即建构法治理论来回应整体层面的治理困境。同时,为避免过于抽象,本文基于基层社区的治理实

---

① 张文显、于宁:《当代中国法哲学研究范式的转换——从阶级斗争范式到权利本位范式》,《中国法学》2001 年第 1 期。
② 陈柏峰:《中国法治社会的结构及其运行机制》,《中国社会科学》2019 年第 1 期。
③ 凌斌:《当代中国法治实践中的"法民关系"》,《中国社会科学》2013 年第 1 期。
④ 付子堂、张燕:《习近平法治思想的人民立场与实践要义》,《法学》2021 年第 6 期。
⑤ 刘小平:《儒家为何必然需要法治?——黄宗羲的"法"理论及其内在转向》,《法制与社会发展》2020 年第 5 期。

践，呈现基层治理改进前后的运作过程，从而剖析治理不善背后的根本原因。继而，在理论层面上进行重构，搭建法治理论的基本框架，关注和重视基层中普通个体的权利，从而推动基层治理理念实现从形式法制到实质法治的转变。

思考法治理论层面的问题，需要先肯定一个不争的事实，那就是明确社会治理实践在近年来所实现的巨大进步，尤其要看到基层治理已经通过数字技术应用深入到千家万户。[①] 此外，近年来关于基层治理主题的各种论述不胜枚举，其中包含着对于"治理什么""如何治理"等问题的多元化观点，这就为建构法治理论带来了极大的麻烦。不过本文无意关注如何优化具体的治理方式，并检验其观点的合理性，而只是想从中概括出一种研究模式，从而来论证这种研究模式存在的不足。在逻辑层面，并非是这种理论方式本身有什么错误或者需要改进的地方，而正是由于既往形成的传统研究路径，限制或影响了后续研究的观察角度。因此，本文所能够想到的解决方案是：第一，明确有关基层治理的运作过程及其实践；第二，归纳从基层治理现实出发的研究有什么样的脉络；第三，反思既有的研究路径，从而贡献一种新的观察方法。

治理关涉理论与实践的双重问题，不仅是理论层面的概念构成，更是实践层面的具体行动，表现为人与人的关系。[②] 因为基层治理更倾向于实际解决问题，所以在治理层面所依托的研究方式是实践性的，要求能够为基层治理提供有效的现实助益。换句话说，如果学者的研究不能够回应基层治理过程中所实际面临的问题，那么这个研究在基层研究领域就是失效的。[③] 由此，在基层治理的研究中，多是基于应用为目的的导向性研究。从理论上讲，他们所关注的核心问题是"如何在基层实现实际治理"，这也就是治理的方式选择问题。当谈到治理方式的选择问题，就需要直面一些关键的概念：从治理主体上看，有协同性治理与多元化治理；从治理周期来看，有运动化治理与常态化治理；从治理程度来看，有悬浮性治理与精细化治理；从治理技术来看，有网格化治理与技术化治理；从治理手段来看，有规则治理与民约治理。但以上观点很难说是一个法治问题，法治所能够涉及的内容通常包括以上的常规内容。

那么这种依托法制形式约束的治理方式是不是无效呢？不是，恰恰这种治理方式非常有用，这是经过实践检验的有效的治理方式。那么既然拥有了如此好的治理方式，为什么治理问题仍然存在呢？这就是本文着重关心的问题。笔者认为，在上述方式实际发生作用的前提下，也就是在法制有效运作的情形下，仍然需要在现有基层话语体系之下补充建立法治理论。补充建立的法治理论，其实是在原有的研究路径之外，重新开拓了一个研究视角。这个视角并不再仅

[①] 陈柏峰：《基层社会治理模式的变迁与挑战》，《学习与探索》2020年第9期。
[②] 凌斌：《从法民关系思考中国法治》，《法学研究》2012年第6期。
[③] 苏力：《法治及其本土资源》，北京大学出版社，2022，第150~152页。

仅关注"如何在基层实现实际治理",而是关注"如何在基层实现法治目标",再深入一些,那就是关注"法治是什么"①。"法治是什么"是一般性理论问题,"如何在基层实现法治目标"则是理论问题的实践面向,要解决这些问题就如同解答几何题一样需要去证明。② 即要实现法治,需要克服哪些问题;要实现法治,需要满足哪些条件;要实现法治,如何在基层去运作才能够达到既定治理目标。其实,这种理论构建是理解基层治理的图示延展,同法制统率下的基层治理方式并行不悖,且构成对法制的补充。从补充层面上看,法治是对法制的更高层级的补充,为法制提供了价值性引领。具体而言,在法制达到一定程度以后,治理效果出现边际效应递减;可以通过建构法治理论,推动基层治理水平的提升。

二　法制之治:形式管理的规范解读

以规则治理已然成为国家治理的正式话语,但是在基层实践中仍然有待落实。法制之治指的是基层管理中存在"以法统治",其核心理念是治理者以管理便利和管理效能为目标出发解释规则,从而更好地控制和约束民众以降低管理风险。法制治理缺少关注人的权利与自由,甚至会出现违反法律本旨作出过度解释的现象。在法律与制度的实施过程中,规则容易受到治理者个人权力的影响,从而侵犯了民众的法律权利、阻碍了民众对治理者权力的制约和监督。

(一) 法制的多维构型

虽然法制的研究现在正逐渐跳脱出学者的视野,但是法制自身依然发挥着十分重要的作用。如何理解法制,需要从理论上进行解答。理解法制需要看到其在构成部分之上所具有的三个重要特征:形式性、工具性与解释性。首先,从静态的构成角度看,法制是法律和制度③,是"书本中的法"与规则,在形式上符合稳定性的需要,具有民主的外形。但是,法律和制度两者都是较为稳定的宏观框架,是官员管理民众的主要原则与基本遵循,而非是对民众生活世界起到实际影响作用的具体方面。其次,从法律的地位角度看,法制可以译为"rule by law",政府将法律作为管理民众的手段,从而使之具有了工具特征。④

---

① 雷磊:《探寻法治的中国之道——中国法治理论研究的历史轨迹》,《法制与社会发展》2020 年第 6 期。
② Brian Tamanaha, *On the Rule of Law: History, Politics, Theory*, Cambridge: Cambridge University Press, 2004, pp. 113 – 115.
③ 沈宗灵:《"法制"、"法治"、"人治"的词义分析》,《法学研究》1989 年第 4 期。
④ 〔美〕布赖恩·Z. 塔玛纳哈:《法律工具主义:对法治的危害》,陈虎、杨洁译,北京大学出版社,2016,第 270~271 页。

这个工具可以比喻为"刀剑",本身并无好坏之分,而是一种冰冷的"物体"。这个"物体"在形成之时便以某种形式特征定格,从而成为管理者手中挥舞着的"刀剑"。最后,从运用的解释角度看,法制在运作层面,受制于自身特质缺乏良善趋向,对管理者而言是一个巨大的诱惑,赋予管理者较大的自由裁量空间。总之,法制不仅应当"包含国家的基本制度及根本问题等宏观原则",还需要强调微观细节层面,直面基层治理。[①]

(二) 法律实践的形式约束

由于缺乏微观细节层面的理念统率,在面对民众的基层治理中,法制之治依靠并凭借"生活化"和"日常化"的非正式规则以及便于管理的解释权力对民众进行约束和控制。在实践中,治理者容易通过向权利主体表达机械性情感、增设繁杂程序、设定较高审查标准等方式,来规避可能承担的义务与责任,从而影响民众实现自己的权利与自由。

1. 表达机械情感

从情感治理视角看,在基层治理的过程中,治理人员出于管理需要,常常向基层民众呈现机械情感。这种机械情感分为两种形式,一是消极不回应,二是家长式告诫。这两者均是经过实践证明比较有效的拒绝方式,并且有着不明面违背规则的形式特征,是一种非正式治理手段。[②] 首先,治理者并没有以特别明显的方式违背法律规则或政策的要求,而只是对民众的诉求作出生活化的表现与回应。其次,治理者机械情感的呈现与输出,在基层熟人社会中有着强有力的拒斥机制,民众碍于面子常常会主动放弃自己的诉求。最后,在形式规则之下的互动背后,实际潜藏着一层不平等的权力驱逐机制,是治理者通过生活规则的运行方式向民众宣示权力,即治理者可以不立即满足民众这项"符合规则但不符合治理者意愿"的诉求。因此,治理者通过生活化角色表达机械情感,同时释放出人情面子和权力施压的双重信号,减损了法律规则的神圣性。

2. 增设程序事项

基层治理者在法律规则范围之内行使权力时,存在较大的自由裁量空间。当民众在遭遇治理者机械情感之后,没有放弃原有诉求,仍尝试依据规则授权行事时,在某种程度上就是破坏了原有的人情面子机制,不尊重基层治理者的权威。治理者与民众的初次互动失败后,人情和权力机制显然并没有起多大的效用,治理者并没有实现自己的避险或拒斥目的。那么,规则就不得不走向前

---

① 邱水平:《重析"法制"与"法治"构建中国的"制度法学"》,《北京大学学报》(哲学社会科学版) 2019 年第 3 期。
② 梁平:《基层非正式治理的法治化路径》,《法学杂志》2019 年第 10 期。

台，成为治理者约束民众的最后手段。显然，当规则走向前台时，规则的解释方式就成为关键，因为从客观上讲，人们对规则的理解常常存在差异。① 当民众和治理者对于规则的解释出现差异后，其实各方均有各方的道理，但是此时此刻，规则的最终解释权显然掌握在基层治理者手中。治理者并非直截了当地违反规则，而是在解释规则的基础上增设程序性事项。当程序性事项被治理者提出时，问题焦点已经从是否符合规则转变为是否满足程序性事项的要求。如果程序性事项要求较高，那么民众常常会因为难以满足程序性事项而无法实现自己的诉求。在这个互动过程中，基层治理者利用规则解释权实际制约着民众自身目标的实现。

3. 提高审查标准

在基层治理者与民众的多次互动中，已经消磨或扼杀了部分民众的诉求。但是，坚定捍卫自己权利的人依然存在。尽管程序性事项都具有一定的难度，仍然有民众能够抵过压力去完成，以求实现自己的合法诉求。基层治理者作为提出程序性要求的解释方，自然拥有这些程序的最终审查权限。对于本身并非常态化存在的程序性事项，审查标准的设定通常具有较大的伸缩空间。在审查过程中，基于民众诉求的差异性，事项审查难以具备稳定性标准，治理者的个人标准在某种程度上凸显出来。基于程序性事项的完成情况，治理者会运用某种评价方法，提高审查标准。由于事项具有显著差异化，提高审查标准意味着较多民众无法达到程序要求，轻则需要在治理者多次反复地要求下修正上述程序性事项，重则意味着该项行动根本不具备完成的可能。在民众多次修正的过程中，依然存在表达机械情感和增设程序事项的重复性操作，部分基层治理者不断地将情感压力和规则压力转移到民众身上，进而促使部分民众放弃追求个人合法权利的机会。当无法实现自己的合法诉求时，治理者通常会基于民众诉求的重要性、时效性、可行性进行个人评价，直至最终消解民众的耐心和信任。

（三）消极反馈与治理失范

在民众追求自身合法权利的过程中，常常有着较高的情感期待以及较为稳定的行为预期。但是，现实生活中，法律实践的法制取向时有发生。当民众的行为预期被治理者的机械情感、程序事项、较高标准扰乱了之后，便会产生对于法律赋权和实际失权之间的矛盾挣扎，继而导致规则治理危机。那么，这种治理危机具体从何而来呢？

第一，消极反馈破坏人际规则。熟人社会或人际互动中最重要的是"情面"

---

① 凌斌：《法治的两条道路》，《中外法学》2007年第1期。

因素，它既有可能阻碍法治秩序的形成，但同样具有促进法治的积极效果。① 在现代基层社会中，虽然基层治理者与民众之间已经走向了规则约束的秩序，"面子"失去了乡土社会中权力的意味与色彩，但是作为人际相处的基本规则仍然发挥着作用。部分基层治理者通过机械情感表达，体现为对正式规则的非正式抗拒，以达到自己的管理和脱责目的。基层治理者和民众在这种消极情绪的呈现及不愉快的互动之中，彼此之间原有的中性"情面"规则被打破，管理造成的基础秩序裂痕也在凸显。在民众诉求合法、正当的权益时，部分治理者借助于手里的各类审批权限，对民众施加负向情感，损害了民众的尊严，增加了民众的不幸福，继而从社会交往角度排斥民众的权利。以伤害"面子"为手段的尊严减损，显然成为日常生活中的常见实践，对于基层长效治理具有较强的负面效应。

第二，程序责难滥用公共权力。程序原本是作为形式正义和实质正义之间的平衡，但在部分基层治理者的手中演化为通过形式规则来排除民众的实质权利的重要手段和工具。从法律保障权利的视角看，在法律允许的行动范围之内，民众作出自己的行动，应当是自由的。如果这种自由是需要经过形式上的行政审批，那么行政审批应当在能够符合审查要件时作出同意决定。在明知诉求合理且符合民众利益的情形下，如果为了个人的利益（逃避风险、强调面子等），而以审批权为基础设定多道程序作为约束和控制手段，目的是影响民众合理诉求的快速实现，这显然属于滥用公共权力。显然，在基层治理实践中，治理者的这种程序责难常常直接增加民众义务，过度消耗民众的时间和精力。当治理者与民众对于程序的理解存在不同时，更多的矛盾就蕴藏其间。治理者以程序作为控制民众的途径，民众以程序作为实现权利的基础。在民众认为程序是通向目标的过程时，其实治理者已经将程序进行多种情形的自我改造，将原本的目的关注转移为程序关注，从而使得部分民众因程序复杂且标准较高而放弃自己原本的正当诉求。

第三，目的不达降低法律权威。"法律对个人尊严的信念就如同民众对法治的评判，都存在于普通人的实践理性中，构成普通人的信仰基础"②，而这就是法律权威的重要来源。法律的目的在于捍卫民众的尊严、自由和权利，如果民众尊严、自由和权利得不到法律的保障，那么信仰法律便是一句空话。在权利意识日益觉醒的今天，民众对于自身的合法权利持正当诉求态度。如果自己的合法权利受到了侵害，那么民众通常会有两种选择：一是在适当范围内容忍，二是寻求适当的调解者或仲裁者。在法律允许的条件下，个人通过正当程序主张基本权利，却经由基层治理者表达机械情感、增设程序事项、提高审查标准

---

① 梁平、冯兆蕙：《基层治理的法治秩序与生成路径》，《河北法学》2017 年第 6 期。
② 钱弘道、窦海心：《基层民众的法治尊崇状况研究——基于余杭法治指数 12 年的数据》，《浙江大学学报》（人文社会科学版）2021 年第 2 期。

时，民众对于法律的信任程度会受到影响。[①] 究其原因有二：一方面，法律可能没有有效限制人治，使得人治在公民权利主张中发挥了一定的消极作用；另一方面，法律可能难以有效保障公民应然权益实然化，在实效上无法捍卫民众个人的基本权利。故而，对民众而言，难以限制人治、难以有效捍卫民众个人利益的法律，因其不具备实用性效果而消解了理应获得尊重的理由，成为一种意义模糊的语言符号，从而影响其权威。

三　法治面向：实质治理的规范解读

法治是与人治相对应的一套理论体系，是外在客观标准与内在价值标准的有机结合。人们的行为主要由"法"来规范，规范和指导人们行为的"法"本身就与民众的利益相一致。从法治立足于人的生存、发展和完善而言，立足于人的生活而言，法治本身只是手段，而根本目乃是人的确证。[②] 在法律和规则统治过程中，基层治理者的权力受制于法律和规则的内在面向，将民众的权利作为解释的出发点，真正做到实质上捍卫民众的平等和自由。

（一）法治的核心取向

"法治"作为时下研究的重点，在理论发展中有着中国基层治理的现实面向。法治的核心内容不仅包含富勒所言的八个要素，还应当具有非人治以及能够指导个人行动两个方面的内容。[③] 法治意味着对法律的诚心信仰与诚恳解释。法治具有规范性、自主性和良善性。首先，从规范性来看，法律是调节人们行为的一种规范，具有能为人们提供一个行为模式和标准的属性。法律的概括性特征能够为人们提供一个明确的行动方向，人们可以按照法律规定做出一般的行动。当人们的行动符合法律设定的标准时，人们的自由便不再受到其他因素的影响和干扰。其次，从自主性来看，法律具有被隔离在专门设计的空间场所和建筑物内的分离性。任何人不能够轻易地解释法律，法律只能由自身进行解释。法律是一个良性的内循环，能够诉求于内并得到积极有效的回应。法律不受外在因素干扰的自主性，是法治能够被信奉的重要条件。[④] 最后，从良善性来看，法治意味着在内容上和制度安排上，法律都不容许存在专断的权力，并排除了宽泛的自由裁量权。[⑤] 法律通过官员和代理人进行运作的过程中，需要直

[①] 姚建宗：《法律常识的意义阐释》，《当代法学》2022 年第 1 期。
[②] 姚建宗：《法治的多重视界》，《法制与社会发展》2000 年第 1 期。
[③] 陈景辉：《算法之治：法治的另一种可能性？》，《法制与社会发展》2022 年第 4 期。
[④] 季卫东：《法治秩序的建构》，商务印书馆，2019，第 407 页。
[⑤] 〔新加坡〕约西·拉贾：《威权式法治：新加坡的立法、话语与正当性》，陈林林译，浙江大学出版社，2019，第 4 页。

面自身的良善性。尤其在基层治理中，法治的良善性表现为民众的生命、自由和利益。即使需要作出解释时，治理者也需要基于民众的最大福利作出解释，而不是仅仅从自身利益的角度作出解释。

（二）法律实践的实质追求

在基层治理实践中，需要从权利视角出发去看待民众。法治面向的基点在于人本身，重视个人权利观念是其基本信条，要从人自身确证出发去探讨问题。基层治理者通过释放理解性的善意、简化不必要的程序和提示民众相关联的权益等方式，来帮助民众实现法律保障的自身权利。

1. 理解性善意

基层治理者应当对于民众的需求抱有理解性的善意。对于民众的需求，在行动中表示尊重和理解，并显示出接纳的情感态度。这种尊重和理解是在遵守法律规则的前提下，作出有利于民众的善意解读。如何判定这种善意呢？首先，将规则作为衡量标尺，如果民众的要求和行为显然违背规则，那么这种需求不应当得到满足且该行为应当被禁止，这是规则之治的原旨要求，也是规则善意的基础体现。其次，如果民众的要求和行为完全处于规则之内，是被规则明确赋予的有效权益，毋庸置疑，这种要求应当按照法定程序被尽快满足且该行为应当得到支持，体现出规则善意的赋权属性。最后，如果民众的要求与行为有其正当性，规则恰巧处于不明确的态度，或规则隐于事实背后，需要治理者进行判断时，善意理解规则就显得至关重要。① 具体而言，一是判断正当性，即民众的诉求是不是正当，具不具备权利基础，具备权利基础就推定具有正当性；二是判断必要性，即民众的诉求是不是必要，必要性在于衡量其对于民众的意义和价值，对普通民众自身生活意义和价值越大，被支持的可能性越高；三是判断时效性，在正当性基础上，当必要性发生歧义之时，需要结合该行为的时效性进行紧迫性判断，倘若具有很强的时效性，一经错过就难以再来，则从侧面证明了机会的稀缺性，因此就应当在规则与权限范围内尽力支持。

2. 程序性简化

在面对基层民众的客观现实需要时，治理者可以在法律规定的范围内对程序进行简化。程序简化过程是将原来不必要的程序删除，提升为民众办事的工作效率，迎合基层治理的简约性动机，进而提升民众满意度。② 基层治理的大多数事项，在申请材料符合规范能够证明目的的前提下，一般不需要增设多余的

---

① 杜宴林：《司法公正与同理心正义》，《中国社会科学》2017 年第 6 期。
② 郭春镇：《对"数据治理"的治理——从"文明码"治理现象谈起》，《法律科学（西北政法大学学报）》2021 年第 1 期。

程序性要求。但是，在基层实践中，基层治理者出于管理便利之需要，人为地在原有规则之下增设程序性事项，增加民众负担，减轻个人管理责任。现实中普遍存在的多道程序性门槛，跑多趟才能办成事，被民众戏称为"跑断腿"。基层治理者需要厘清的是，更好地满足民众正当性需求，更好地指导民众个人的行动，是法治本身所应当具有的内涵。因此，简化程序是指导民众行动的题中应有之义。在理论层面，以民众需要为基础的程序简化，是实现规则之治的重要目的。① 这个目的在于保护民众的法定权利，从而实现对治理者自由裁量权的限制，再形成对法律规则的统一性认识和保护人权的信仰。在实践层面，程序是横亘在民众实现目的之过程中的核心环节，为人情关系、权力寻租和个人意志提供了发挥作用的平台。民众的合法权利需要得到保障，程序性事项自然就需要得到简化。简化过程需要得到规制：第一，未经公布的程序性事项需要得到简化；第二，不够明确的程序性事项需要得到明晰；第三，存在矛盾的程序性事项需要得到矫正；第四，不可能实现或实现难度较大的程序性事项需要得到删减；第五，临时性的程序性事项因缺乏时间预期需要得到简化。

3. 权益性提示

治理者在善意理解和执行规则的过程中，需要对民众进行权益性提示。治理者在治理过程中享有信息优势，对于民众诉求相关的权益信息可能知晓较多。基于满足民众权益的法治目标，要将权限之内有助于民众当下诉求的利益事项一并告知，同时在程序上进行简化，以最大限度地保障民众合法权益的实现。作为基层治理者具有自由裁量权，这种自由裁量权是行政意义上的"特权"，如果符合或者扩大了民众的权益，那么应当被认为是合理可行的。② 权益性提示就是这种"特权"的具体体现，将保障民众利益更好地得以实现。在进行权益性提示时，需要考量一些基础的要素：第一，判断民众现有利益诉求的目的，以及实现这个目的是否有其他更好或相辅助的申请或操作路径；第二，明确民众现有利益诉求的构成，提示民众程序要求及问题处理方案，以帮助民众在规则保障的范围内有效实现这项权益；第三，关注规则本身所蕴含的补充价值，当现实社会中出现程序阻碍或实质侵害民众权益的情形时，提示民众相应监督及救济路径，以保障基础性权益。权益性提示是将法律规则赋予民众的权利告知民众，并以此来更好地实现规则本身对于民众行为的有效指导。作为法治内容中较为纯粹的要求之一，权益性提示常常被忽视，却是最能体现政府目的及法律价值的标准所在。

---

① 范柏乃、林哲杨：《政府治理的"法治—效能"张力及其化解》，《中国社会科学》2022 年第 2 期。
② 〔英〕约翰·洛克：《政府论（下篇）》，丰俊功、张玉梅译，北京大学出版社，2014，第 147 页。

(三) 正向回应与治理效能

"法治的基点在人,在人的日常生活领域"[①],在民众与基层治理之间的日常互动中获得正向的情感回应,使得权利能够真正发挥作用以制约权力的滥用扩张,是民众获取自由和尊严的应然之理。基层治理要合理地限制公共权力,一方面需要能够反映个体权利、尊严权、正义和社会福利等实质价值的良法,另一方面也需要通过公开透明、注重效率的程序与正向回应、行事公正的同理心进行综合考量,从而在基层推动善治。[②]

第一,正向回应赢得良性互动。从法治面向出发,理解性善意兼顾了人际交往互相尊重的准则,促进治理者和民众之间的良性互动。一方面,从互动的主体来看,民众与基层治理者同样都受到法律的制约,应当做到互相理解和尊重,而不是治理者作为强势一方要完全控制和约束民众。当治理者意图去管理民众的时候,其理念预设中便蕴含着排除民众的权利,是一种权力的扩张。而这种缺乏有效规范的权力,是与法治要求截然相反的情形。另一方面,从正向回应的功能来看,当民众在与治理者的互动中得到尊重之时,双方之间能够发生持续的良性互动。这种良性互动的持续性,会有效提高事务处理的效率、提升民众的配合程度、加深治理者对基层社会的了解,推动各方共同参与、有效治理。最终,基层治理效能会得到提升,民众的满意度会逐渐提升,社会治理的秩序也会更加长效和稳固。

第二,简化程序限制权力滥用。程序是限制权力恣意的有效机制,而不是提供恣意解释的工具和手段,程序要回到自身的法治轨道。在法律授权的范围之内,民众有权主张自己的合法权利,在通过有效的形式或实质证明之后,治理者应当给予审批支持。治理者的权力来自法律的授予,这是它的合法性来源。当治理者的权力超越法律的授予,或者在法律未做清晰说明的地带做出解释时,应以民众的权益作为解释的根基。如果程序是作为识别民众诉求合理性的标准,那么应当通过设定能够尽快测量出民众诉求合理性的程序,从而更好地满足民众的合法需求。治理者对于法律的解释是基于民众权益的,所以能够有效限制治理者为了自己的利益而解释法律。故而,基于民众权益的程序简化,能够有效防止基层治理者"特权"的不正当性,从而确保权力在法治轨道内运行。

第三,目的达到增加法律信仰。法律的目的是捍卫民众的各项权利,这既是法律实效性的体现,也是法律得以被信仰的重要依托。当基层治理者基于法治面向开展实践时,有助于民众的权利得到维护,民众的目标得以实现。从法

---

① 姚建宗:《法治的多重视界》,《法制与社会发展》2000 年第 1 期。
② 赵宏:《城市治理中的"良法善治"如何展开》,《探索与争鸣》2021 年第 7 期。

律实施来看，法律能够通过基层治理者的执法使之在社会生活中得到运用、应用和实现，从而为民众带来尊严感和幸福感。法律既能够有效地限制权力的滥用，还能够指导民众行动以实现自己正当的利益诉求。法律可以反映出民众的利益和意志，能够提供民众权利减损后的救济路径。因此，当法律能够帮助民众实现目的时，法律信仰就产生了。因为在这个过程中，民众可以运用法律作为保护权益的有效手段，同时法律又在较大程度上避免了治理者为了个人利益去解释法律，规范了自由裁量权的行使，消殒了人治的合法性和合理性，继而减少了人治的可能性路径。法律在形式要素的基础上符合社会民情与社会心态，更容易得到民众的尊重与信仰。

四　以人为本：法治及其道德性宣示

法治的实质版本是在形式法制的基础上纳入了价值要素。立基于权力制约的原初目的，法治以保障每个个体的尊严、自由和权利作为核心的内容，是人类最文明的社会秩序化手段。① 法治强调人的价值，秉持"以人为本"的道德性宣示。法律如果按照"不利于民众"的解释角度被应用于管理，便难以避免法制的冰冷色彩；法律如果按照"有利于民众"的解释角度被应用于治理，便可能体现出法治的良善光辉。

（一）道德性根源：实现平等自由

法治赋予人们实现平等自由的权利。从自然法学派的角度看，法和法律呈现分离状态，一方面需要关注作为实在法的法律，另一方面需要考量"法"的价值性或道德性。亚里士多德的"法治公式"可以概括为"良法善治"，诠释了法治的道德性根源。法治秩序中有着理性的参与，而理性认识到的自然法包含平等和自由。民众作为理性人，能够运用理性去思考法律本身的面貌，他们被赋予平等的自然权利。法律与道德不可分割，法律既要满足外部的道德目的，又要强调以法律原则作为内在道德。② 也就是说，在具有普遍意义的道德准则和特殊意义的具体情境中，民众能够对法律作出是否符合道德的价值判断。③ 正是基于这一价值色彩的法治才富有道德性，道德与法治具有天然的亲密性和内部勾连性。这种道德性的根源就在于法律的目的，或者说理性所包含的内容，即实现自由与平等。自由和平等是实质法治的体现，是个人尊严的理想状态，是

---

① 庞正：《法治秩序的社会之维》，《法律科学（西北政法大学学报）》2016 年第 1 期。
② 〔美〕富勒：《法律的道德性》，郑戈译，商务印书馆，2005，第 40 页。
③ 梁平、冯兆蕙：《基层治理的法治秩序与生成路径》，《河北法学》2017 年第 6 期。

个人权利的重要体现。① 治理者认真对待民众权利,将以人为本的理念真正体现到法治面向中,才能做到尊重人性,推进人权。② 换句话说,法治不能够侵犯民众的平等、自由等基本权利。如果通过基层治理者解释的法律侵犯了民众的权利,民众就会通过切身体验明晓这是以治理者利益为目的的法制之治,而不是以民众自由和平等为依托的法治面向。同时,民众对于治理者将法律进行法制利用持容忍或反对态度,直到治理者最终将法律作有利于民众的解释时方体现出法治光辉。

(二) 道德性表现:指导人类行动

法治具有指导个人行动的内在价值。从安德瑞·马默(Andrei Marmor)对法治的内容设定来看,主要包含两个方面:一是政府应当遵守法律,二是法律应当能够指导人们行动。③ 在有效法律存在的条件下,人们相信法律能够为人们的行动提供清晰的指引,而且这种指引具有稳定性。法律对于民众行动的指引不仅包括法律清晰、不冲突等本旨因素,还包括法律可以保障人们实现预期行动,同时限制政府权力不能随意地干涉人们依据法律而享有的预期行动权利。在法治确立的前提下,民众个人仅服从法律的领导,根据法律在其内在范围行事,同时免于其他各项因素对于民众自身的影响。当法律不限制人们采取某一行动时,人们便具有安排某项行动的自由。当民众安排某项行动之后,他们便具有了对该行动得以施行的预期性。除了法律,没有任何人或其他因素能够干扰这个行动预期的实现。倘若存在这种干扰因素,那便不是法治,因为其不具备法治指导人类行动的道德性。换言之,法律不能够影响人们的预期行动。如果基层治理者通过执行经过解释的法律干扰了人们预期的行动,并且肆意地将治理者个人意志通过法律之名凌驾于民众个人预期之上,那就不是法治状态。正是由于无法有效指导个人行动,所以违背行动预期的治理方式不具有法治的道德性,常常难以得到民众的同意和认可。

(三) 道德性价值:扩展最大幸福

法治具有扩展人们最大限度幸福的追求。对幸福的追求构成了实质法治的一个评价标准,成为法治追求的价值要素。法治满足人们对美好生活的需要,关注民众福祉,追求以人为本。④ 正因如此,法治将人民的生活意义与法律联结

---

① 胡玉鸿:《尊重·体面·平等:习近平法治思想中有关尊严的论述》,《东方法学》2022年第4期。
② 贾国发、王壹:《"以人为本"法治观的三重要义》,《东北师大学报》(哲学社会科学版) 2013年第6期。
③ Andrei Marmor, "The Rule of Law and Its Limits", *Law and Philosophy*, Vol. 23, No. 1, 2004, pp. 2–5.
④ 胡玉鸿:《依靠法治满足人民对美好生活的要求研究》,《法律科学》(西北政法大学学报) 2021年第2期。

起来,并通过治理者得以有效实践。党的十八大明确提出:"法律是治国之重器,良法是善治之前提。"① 党的二十大进一步提出"以良法促进发展、保障善治"②。一方面,法治面向体现了以人民为中心的发展理念,其突出表现就是对民众权利的保障以及社会秩序的维系。法治是最大限度地保障民众的幸福,这包括对民众个人意志的尊重,对民众个人人权的保障,对民众个人公平正义的维护,以及对社会秩序的追求,对经济发展的保障,对和谐社会的期许。"善治"是法治的内在方面,其欲追求的是,在实质法治的维度上,将坚守法治与深化治理相结合。③ 另一方面,法治是人民福祉和民众幸福感的最大提升,这是法治道德性的题中应有之义。因此,人们能否信仰法律,就在于法律是否扩展人们的幸福,能否创造出符合社会需求的公共善。当法治得以实施,人们感觉到自己最大限度的幸福,并且看到法律的这种指向,人们就会认同和信仰这样的法律。反过来看,法治不能减损人们的幸福。如果基层治理者在与民众的互动中侵害或减损了人们的幸福,那就意味着对于法律的解释和执行并没有走向法治,仍停留在过渡性的治理阶段。这可能会导致法律权威受损,法律信仰难以有效建立。

五 结论与讨论

基层治理的运作机制究竟为何,如何实现基层的有效治理,如何在基层实现法治目标,基层法治面向需要具备什么视角,这些问题的回答构成了本文的全部内容。以基层得到有效治理为目标,考量治理层面的理论可以分为两种形态:法制治理与法治治理。一方面,基层具有人口拥挤性、情况复杂性、问题直接性等特征,故而存在"问题多"且"难解决"的双重困境。在基层治理实践中,以管理为目的的法制治理路径出现,在一定时间和范围内取得了良好效果。但是,现有模式却不能因循守旧而忽视这个事实——法制治理无法摆脱时下的基层治理困境。另一方面,为实现良善治理,需要跳脱以管理为目的的法制路径研究,从以人为本的法治理论出发,在日常实践中尊重民众基本权利,看到法治所蕴含的实质价值。因此,在基层治理过程中,法治的内涵指明要最大限度地限制基层治理者的"人治",避免形式化地解读扩张基层治理者的权力,以有利于人们预期性目标的实现作为解释法律规则的重要方面,从而最终达到指导人们行动的目标。

---

① 《十八大以来重要文献选编》(中),中央文献出版社,2016,第160页。
② 习近平:《高举中国特色社会主义伟大旗帜 为全面建设社会主义现代化国家而团结奋斗——在中国共产党第二十次全国代表大会上的报告》,人民出版社,2022,第41页。
③ 赵宏:《城市治理中的"良法善治"如何展开》,《探索与争鸣》2021年第7期。

法治本身具有价值，并且具备内在道德性。那么，如何证明法治具有道德性呢？富勒曾提出法治的八个自然法，以构成性要素的形式对法治的要素进行了定义。同时，富勒也提出这八个自然法是"法律的内在道德"。虽然这样的定义遭到一些分析主义学者的批评，但它确实是一种客观的事实存在。这里笔者以发生学的角度进行观察，来证成法治其实本身蕴含一种道德规范。当利用法制的形式理论进行管理时，个体会遭遇到治理者基于规则解释的个人偏好所带来的各种不利处境，继而引发对于当下法制模式的种种诟病，最终使得治理主体的合法性在一定程度上遭到了质疑；当法治理论被不断建构时，个体会在法治的面向中感受到有利于指引个人行动的推力，从而比较自由地实现了预期生活的安排。可见，实现预期行动是法治所指向的核心内容，这种指向会给人们带来尊严、自由与平等，引发人们的尊严感、幸福感、获得感与安全感。或许我们无法直接称之为道德，但是可以反向证成，即一旦丧失法治，重回法制或者其他什么治理形式，人们在法治状态下所拥有的自由和权利便显得弥足珍贵，进而更深切地感受到了法治本身所蕴含的道德性。这种道德性始终存在且容易感知，并成为证明法治存在与否的关键性证据。

Practical Logic of Grass-roots Governance and the Orientation of Rule of Law
—Moral analysis based on the perspective of governance

Lu Yi

Abstract: Grass-roots governance facing the people often faces many difficulties, which has become an important focus of academic attention and discussion. Based on the actual practice of grassroots governance in China, the paper explains the dual logic of action in the process of grassroots governance. Under the logic of "rule by law", grassroots governance usually makes normative interpretations that are conducive to managing the people, and affects the people's handling of affairs through measures such as expressing mechanical emotions, adding procedural matters, and raising review standards, resulting in relaxed empathy mechanisms, increased interaction costs, and increased governance difficulties. The effective way to resolve the predicament of grass-roots governance is to construct a "rule of law" orientation. By making a normative interpretation that is conducive to helping and serving the people, supplemented by actions such as understanding goodwill, procedural simplification and suggestions for rights and interests, people's wishes and happiness can be realized to the maximum extent, so as to optimize the empathic mechanism, enhance the participation of the people and improve the effectiveness of grassroots governance. The logic of "rule of law" can reflect the concept of "people-oriented" in the practice of grassroots governance, which is conducive to realizing equality and freedom, clarifying action expectations and expanding maximum happiness.

Keywords: Grassroots Governance; Rule by Law; Facing The Rule of Law; Morality

治理理论与实践

"第三波浪潮"中民族地区数字政府建设不平衡问题及其破解途径

董礼胜[*]

【摘　要】 当前，我国已处于数字时代治理"第三波浪潮"中，作为我国数字政府建设重要组成部分的民族地区数字政府建设已经取得明显成效，但仍存在不平衡问题，基础性、经济性和环境性因素对这一问题具有重要影响。在未来，民族地区数字政府建设过程中须借助以下途径破解不平衡问题：以系统权变的倾向性治理举措推进治理进程；夯实数字政府建设的基础；降低政府面临"强—弱政府困境"的可能性；优化非网民转变为网民的条件；全面推进数字经济发展。

【关键词】 "第三波浪潮"；民族地区；数字政府建设

党的十八大以来，我国开启了治理现代化的新征程。从时代背景来看，我国推进的治理现代化是数字时代的治理现代化，数字政府建设是数字中国建设的重要内容，因此推进数字政府建设进程能够有效助力数字时代我国的治理现代化进程，宏观上来看能够助力我国的现代化进程。

我国的数字政府建设由民族地区与其他地区的建设共同组成，具体从民族地区数字政府建设的相关研究来看，这一领域能够查到的文献极少，仅有的如：杨晶晶在展现广东民族地区的数字治理现状与经验的基础上提出提升数字治理水平的途径[①]；郝宗民和张惠萍撰文呈现宁夏基于政银合作推进数字政府建设的情况[②]；石彦龙认为内蒙古数字政府建设过程中存在体制机制不顺畅、建设模式

---

[*] 董礼胜，政治学博士，中国社会科学院教授，博士生导师，主要研究方向为公共治理、比较行政与比较政治。
[①] 杨晶晶：《数字治理：广东民族地区高质量发展新途径》，《中国民族报》2020年1月14日。
[②] 郝宗民、张惠萍：《把脉城市温度，助力政银"深情握手"金融科技赋能，加快建设"数字政府"——"我的宁夏"政务移动端构建智慧政务"新生态"》，《中国金融电脑》2020年第11期。

的创新程度较低等问题,并针对这些问题提出推进建设进程的途径①;钟春云撰文呈现广西打造协同高效的数字政府的情况②;此外某些研究成果述及某些民族自治州的数字政府建设情况。③ 这些研究成果具有一定学术价值,但并未对我国民族地区数字政府建设情况展开全面、深入的分析,尤其是尚未运用不平衡视角分析我国民族地区数字政府建设过程中的不平衡问题。

综上,数字政府建设是一个非常值得研究的领域,当前,国内外从公共价值、公私合作等角度对数字政府建设开展了大量研究,在此领域的研究已有一定深度。但尚无研究者注意到:2000年前后,世界主要国家在数字时代治理领域出现"第一波浪潮";2010年前后出现"第二波浪潮";近年我国率先在数字时代治理过程中催生出"第三波浪潮",身处这一浪潮中的民族地区能否有效破解数字政府建设领域的不平衡问题,对民族地区自身发展、我国的数字政府建设进程具有重要影响。本文运用数字时代治理"第三波浪潮"理论分析民族地区数字政府建设现状、不平衡问题,并运用回归分析探究不平衡问题的影响因素及破解途径。

一 理论基础:数字时代治理"第三波浪潮"理论

(一)数字时代治理的三波浪潮

互联网发展过程中先后出现"Web1.0""Web2.0""Web3.0"。"Web1.0"于20世纪末出现,用户被动接受门户网站的内容,没有互动体验。"Web2.0"这一词语于2004年正式出现,是指移动互联网,用户可以接收或提供内容,也可以与其他用户进行交流,提供服务的网络平台成为中心和主导,能够有效汇聚大量网络数据。"Web3.0"这一词语于2021年出现,是基于"区块链"技术的"去中心化"互联网,用户可以打造一个去中心化、通行于各个平台的数字身份;用户在互联网上拥有自己的数据且能够在不同网站上使用;不同网站的信息可以交互、整合;用浏览器即可实现复杂系统程序才能实现的系统功能;用户数据审计后,同步于网络数据。数字时代治理的三波浪潮大致与"Web1.0""Web2.0""Web3.0"对应。

数字时代治理理论代表人物帕特里克·邓利维(Patrick Dunleavy)指出:英美等国家于20世纪末出现重点关注整合政府服务的数字时代治理的"第一波

---

① 石彦龙:《内蒙古数字政府建设研究》,《信息通信技术与政策》2019年第12期。
② 钟春云:《打造协同高效的数字政府》,《当代广西》2018年第20期。
③ 曹冬英、王少泉:《四川省数字政府治理的问题与优化途径——基于间断—非均衡治理视角》,《重庆三峡学院学报》2023年第1期。

浪潮";2010 年前后出现重点借助社会网络、云计算和大数据等有效提升数字政府建设效能的数字时代治理"第二波浪潮"。① 其后,国内外学界运用邓利维的这些观点对诸多国家的数字政府建设实践展开研究,但并未注意到:2018年,中日两国在数字政府建设过程中催生了"第三波浪潮"——2018 年 4 月,习近平总书记深入阐述网络强国战略思想②;同年,日本提出综合创新战略,致力于实现《第五期科学技术基本计划(2016~2020)》的目标。③

(二)数字时代治理"第三波浪潮"理论

现阶段,第三波浪潮在中国催生了数字时代治理"第三波浪潮"理论,这一理论通过提炼习近平总书记关于网络强国的重要思想中数字时代治理领域的内容形成,内涵是:在执政党、领导人的正确领导下,有效优化金字塔型治理结构及治理制度,整合多元主客体的合力,坚持并根据现实变化稳步优化正确的数字政府建设路线;在实体空间和虚拟空间中兼顾技术创新驱动与制度变革驱动,因需制宜地实施烈度适中的不平衡政策;将数字政府建设过程中的不平衡程度控制在适度范围内,防范或打破数字政府建设过程中的"低水平锁定"状态,有效维护网络安全、提升数字政府建设水平,惠及最广大群体。④

二 "第三波浪潮"中民族地区数字政府建设:现状与不平衡问题

近年,身处"第三波浪潮"中的民族地区数字政府建设取得明显成效,但依然存在不平衡问题,细述如下。

(一)现状

1. 数字政府建设水平稳步提升

与诸多非民族地区相比,我国大量民族地区尤其是县级民族地区的数字政府建设起步较晚,基础相对较差。近年来,在中央领导下,民族地区遵循数字政府建设总路线,在实体空间和虚拟空间中兼顾技术创新驱动与制度变革驱动,

---

① Loukis E. N. Dunleavy, P. Margetts, H. Bastow, S. , & Tinkler, J. , *Digital Era Governance: IT Corporations, the State, and e-Government*, New York: Oxford University Press, 2006.
② 《习近平谈治国理政》第 3 卷,外文出版社,2020,第 305 页。
③ 王少泉、曹冬英:《数字时代治理第三波浪潮:缘起、理论与前景》,《新余学院学报》2023 年第 2 期。
④ 王少泉、曹冬英:《数字时代治理第三波浪潮:缘起、理论与前景》,《新余学院学报》2023 年第 2 期。

有效改善数字政府建设的基本条件，呈现明显的"第三波浪潮"色彩。具体而言：目前我国民族地区均已经构建官网，并基于多领域的建设夯实数字政府建设基础，不断优化数字政府建设的基本条件，在此基础上，民族地区的数字政府建设水平稳步提升。

2. 参与数字政府建设的主体多元化

经过20余年的建设，我国民族地区的数字政府建设已经取得明显成绩，除作为领导者的党委和政府之外，社会组织、企业和公民等主体也逐渐参与到数字政府建设过程中，且十分重视多元主体的有效整合。这与数字时代治理"第三波浪潮"理论所述"整合多元主客体的合力"相符。

3. 数字政府建设水平日益提升

某些民族地区开启数字政府建设之初，明显呈现"第一波浪潮"和"第二波浪潮"的色彩，例如，对效率的重视程度明显高于对公平的重视程度。近年，这些民族地区开始从重点关注效率转向"效率与公平并重"，明显呈现"第三波浪潮"的色彩。

（二）不平衡问题

1. 数字政府建设水平不平衡

具体表现为：民族地区与非民族地区之间不平衡；民族地区内部不平衡。从《首届（2019）中国数字政府建设指数报告》《第二届（2020）中国数字政府建设风向指数报告》这两份报告中能够查到省市两级民族地区的数字政府建设指数情况，如表1、表2和表3所示。

表1 省级民族地区的数字政府建设情况（2019、2020年）

自治区	2019年总分	2019年排名	2020年总分	2020年排名
广 西	56	16	62.5	18
宁 夏	50.5	22	61.1	21
内蒙古	48	25	63.2	16
新 疆	44.5	29	55.2	30
西 藏	37	31	54	31
全国平均值	57.58		65.4	

从表1中可以看出，首先，2019年我国省级政府的数字政府建设指数中，广西所获评分（56分）低于全国均值（57.58分）；宁夏、内蒙古、新疆和西藏的评分都低于广西。其次，2020年我国省级政府的数字政府建设指数中，内蒙古所获评分最高（63.2分），此分值低于全国均值（65.4分）；广西、宁夏、新疆和西藏的评分都低于内蒙古。这表明：与大部分省市相比，民族自治区

的数字政府建设水平较低,呈现不平衡色彩;五个民族自治区的数字政府建设水平差异明显,也呈现不平衡色彩。

表2 市级民族地区数字政府建设相关数据(2019年)

城市	总分(满分100分)	数据体系	人均GDP(万元)	数字经济得分	数字管治	保障体系	政务服务
银川	58.5	22	8.27	8.3	10.5	8	18
南宁	58	21	6.17	8.1	9	10.5	17.5
柳州	48.6	18.2	7.71	7.3	9.4	7.5	13.5
鄂尔多斯	46.1	17.7	17.30	6.6	7.2	7.2	14
桂林	46.1	17.7	4.13	6.9	8.9	6	13.5
呼和浩特	44	15.5	8.91	6.4	8.5	7	13
包头	42.8	14.4	9.38	6.3	8.9	4.5	15
海西	41.6	14.7	12.79	6.0	8.2	3.7	15
吴忠	40.1	14.4	4.08	6.0	7.2	5	13.5
昌吉	39.6	14.4	8.26	5.7	7.7	4.5	13
拉萨	39.5	12	8.67	5.9	7	6	14.5
石嘴山	39.2	16.2	6.35	5.7	3.9	4.6	14.5
乌鲁木齐	38.5	15	9.48	5.8	6	6	11.5
红河	37.1	12.2	4.65	5.5	4.9	4.5	15.5
巴音郭楞	35.7	11.4	8.97	5.3	8.7	2.6	13
日喀则	29.6	10.2	3.20	4.5	2.4	1.5	15.5
昌都	27.7	10.2	2.78	4.1	2.4	2.1	13
全国平均值	51.68	19.33	6.69	8.0	9.37	6.04	16.95

数据来源:《首届(2019)中国数字政府建设指数报告》;国家统计局官网。

从表2中可以看出2019年市级民族地区数字政府建设情况:少量市级民族地区所获评分较高,如银川和南宁所获评分高于全国均值(51.68分);一些民族地区所获评分很低,如乌鲁木齐、红河、巴音郭楞、日喀则和昌都等,明显呈现不平衡色彩。

表3 市级民族地区数字政府建设相关数据(2020年)

城市	总分	中枢强基指数得分	人均GDP(万元)	数字经济得分	用户满意指数	政务服务指数	决策治理指数	运营保障指数
银川	64	15	8.57	8.6	9.2	14	12.4	11.8
南宁	62	16	6.52	9.5	9.4	14.9	12.9	8.8
桂林	59	7.9	4.19	8.0	7.2	9.45	6.8	9.9

续表

城市	总分	中枢强基指数得分	人均GDP（万元）	数字经济得分	用户满意指数	政务服务指数	决策治理指数	运营保障指数
呼和浩特	58	14.5	8.96	7.05	8.87	16	12.7	8.4
乌鲁木齐	56.1	13.5	9.52	6.7	8.85	15.7	12.2	8.2
钦州	56	14	4.20	6.6	8.48	9.47	10.7	7.2
柳州	54	12	7.86	7.3	7.1	16	8.2	7.1
拉萨	53	11	8.98	6.2	8.9	13	12.3	8.3
乌海	52	11.9	10.0	6.3	6.1	16.3	9	5.1
梧州	51.5	5	3.51	6.1	8.37	9.44	10	6.3
克拉玛依	50	11.8	19.75	6.0	8.4	16	6.5	5.4
贵港	43	4.9	3.07	6.1	8.44	9.42	9.9	4.4
吴忠	42	6	4.39	6.0	8.52	9.4	7.3	4.8
鄂尔多斯	40	7.1	16.93	6.7	9.1	11	11	5.0
石嘴山	39.7	5.9	6.72	6.0	8.38	9	6.4	5.5
中卫	38	6.8	3.77	5.7	6.88	10.9	6.1	5.8
呼伦贝尔	35	2.8	4.63	5.3	7.0	12.1	6.3	4.7
林芝	33	4.1	7.56	5.0	8.42	10.8	5.8	4.6
全国平均值	61	14.7	7.24	8.2	8.8	12.1	9.7	8.7

数据来源：《第二届（2020）中国数字政府建设风向指数报告》；国家统计局官网。

从表3中可以看出2020年市级民族地区的数字政府建设情况：少量市级民族地区的数字政府建设情况较好，如银川和南宁所获评分高于全国均值（61分）；一些民族地区数字政府建设情况较差，如中卫、呼伦贝尔和林芝所获评分较低，不平衡色彩十分明显。

运用数字时代治理"第三波浪潮"理论对表2、表3展开分析能够发现以下问题。首先，与非民族地区相比，我国大部分民族地区的数字政府建设水平较低，呈现不平衡色彩；民族地区之间的数字政府建设水平也呈现明显的不平衡色彩。其次，数字政府建设取得一定成绩之后，建设主体须以"权变"举措进一步推进治理进程，尤其是有必要加大对不平衡问题的关注，严防建设过程中出现大于治理体系承载力的"突破力"。

与数字政府建设水平不平衡直接相关的是数字政府建设水平提升速度不平衡。一方面，与某些非民族地区相比，诸多民族地区的数字政府建设水平提升速度相对较慢，即存在不平衡状态。实例如：与杭州相比，昌都的数字政府建设水平提升速度相对较慢。另一方面，不同民族地区的数字政府建设水平提升速度也呈现不平衡状态。实例如：与西藏自治区诸多地方相比，贵州省所辖的市级民族地区的数字政府建设水平提升速度明显较快。

2. 参与主体之间不平衡、不同群体之间受益程度不平衡

一方面，在民族地区数字政府建设过程中，参与主体之间明显呈现不平衡色彩。与大部分非民族地区相比，民族地区数字政府建设过程中的多元主体协同效能相对较低，两类地区之间呈现不平衡状态；多元主体在民族地区推进数字政府建设进程中的参与意愿、参与状态等方面不平衡；同一类主体在不同民族地区数字政府建设过程中的功能和地位等不平衡。另一方面，民族地区与非民族地区的同类群体之间、不同民族地区的同类群体之间受益程度不平衡；同一个民族地区的网民与非网民之间受益程度不平衡。表1显示我国民族地区的数字政府建设水平相对较低，这意味着民族地区的群众受益程度相对较低。表2和表3显示我国市级民族地区的数字政府建设水平差异较为明显，意味着不同民族地区群众的受益程度不平衡。例如，银川群众的受益程度通常高于昌都群众。民族地区大量非网民并未明显得益于数字政府建设，意味着民族地区不同群体之间受益程度不平衡。第51次《中国互联网络发展状况统计报告》显示，2022年底，我国共有34500万非网民，在总人口中占24.4%。非网民的主要成因是经济条件较差、文化水平较低等，受这些因素影响，民族地区的非网民占比通常高于非民族地区，这意味着我国民族地区约有1/3的群众难以在数字政府建设过程中明显受益，与网民之间呈现明显不平衡状态。这些情况表明：民族地区数字政府建设过程中存在受益程度不平衡这一问题，尚未实现数字时代治理"第三波浪潮"理论所述"惠及最广大群体"这一目标。

3. 数字政府建设水平与经济发展水平之间不平衡

地级市民族地区数字政府建设指数分值与其人均GDP排名情况之间呈现明显的不平衡状态。一方面，某些民族地区的数字政府建设情况较差但人均GDP数值较高。2019年我国各地级市的人均GDP为6.69万元，鄂尔多斯与海西的人均GDP很高，分别为17.3万元和12.79万元，但是这两个地方的数字政府建设指数所获评分较低，类似情况也存在于呼和浩特、包头、乌鲁木齐和巴音郭楞等民族地区。另一方面，某些民族地区的数字政府建设情况较好，但人均GDP数值相对较低。与克拉玛依和鄂尔多斯等民族地区相比，南宁的人均GDP偏低，2020年为6.52万元，低于全国平均值，但是南宁2020年的数字政府建设指数所获评分较高，这些情况表明：民族地区展开数字政府建设过程中必须关注与经济发展的有效整合，以提升政府治理与经济发展的整体运作水平。

三 "第三波浪潮"中民族地区数字政府建设不平衡问题的影响因素

本文采用皮尔逊相关系数分析哪些因素对民族地区数字政府建设过程中的不平衡问题具有重要影响。一些研究者撰文分析了数字政府建设问题的成因。例如，阮霁阳认为数字政府建设问题受技术、组织和环境三个要素（包含10个次级因素）影响生成①，李月和曹海军也认为这三个要素共同催生数字政府建设问题。②郭蕾和黄郑恺认为数字基础设施和政府投入力度是数字政府建设的最重要影响因素。③曹冬英认为官僚制是否僵化对数字政府建设的情况具有重要影响。④数字政府建设必然存在于环境中，因此环境定然是不平衡问题的成因之一，环境因素可以分为外部环境因素和内部环境因素，外部环境因素关注组织外部的资源和竞争等，经济情况是其中的重要组成部分。可见，数字政府建设的不平衡问题受多种因素影响生成，这些因素可以分为基础性因素、经济性因素和内部环境因素。基础性因素主要是指法律基础、数字基础以及不同主客体供给和获得数字公共服务的能力基础等，⑤不包含由经济发展水平抑或经济条件等共同组成的经济基础。经济性因素主要是指经济发展水平尤其是数字经济发展水平，以及不同群体的经济条件。内部环境因素主要是指数字政府建设主体的观念以及数据共享情况等因素，⑥不包含经济发展水平及经济条件等属于经济领域的、组织外部环境的因素。表面上来看，这几个影响因素与"数字政府建设水平"的关系属于常识性知识，实际上必须依托数据和材料等加以分析、证实而非凭空叙述乃至"证实"。在对数字政府建设指数的一级指标以及人均GDP等进行分类的基础上，可以预判民族地区数字政府建设水平高低、建设过程中的不平衡问题的主要影响因素是：数字政府建设的基础性因素、环境性因素和经济性因素，分述如下。

---

① 阮霁阳：《数字政府建设影响因素研究——基于127份政策文件的大数据分析》，《西南民族大学学报》（人文社会科学版）2022年第4期。
② 李月、曹海军：《省级政府数字治理影响因素与实施路径——基于30省健康码应用的定性比较分析》，《电子政务》2020年第10期。
③ 郭蕾、黄郑恺：《中国数字政府建设影响因素的实证研究》，《湖南社会科学》2021年第6期。
④ 曹冬英：《僵化官僚制阻滞数字政府治理的成因及活化途径——基于非均衡治理视角》，《中国治理评论》2023年第1期。
⑤ 郑磊、吕文增：《地方政府开放数据的评估框架与发现》，《图书情报工作》2018年第22期。
⑥ 谭海波、范梓腾、杜运周：《技术管理能力、注意力分配与地方政府网站建设——一项基于TOE框架的组态分析》，《管理世界》2019年第9期。

（一）建设的基础性因素[①]

《首届（2019）中国数字政府建设指数报告》中数字政府建设指数的一级指标数据体系、数字管治、保障体系和政务服务这几者共同扮演数字政府建设基础这一角色，从表2中具体数据可以看出这几者的宏观变化态势相同：这几者的具体数值呈现随着民族地区数字政府建设总分下降而下降这一态势。因此，测算建设基础与数字政府建设指数总分的相关性时，可以选取数据体系作为"数据体系、数字管治、保障体系和政务服务"这几者的代表。

《第二届（2020）中国数字政府建设风向指数报告》中数字政府建设指数的一级指标中枢强基指数、政务服务指数、决策治理指数和运营保障指数这几者共同扮演数字政府建设基础这一角色，从表3中具体数据可以看出这几者的变化态势相同：每一个指数的具体数值呈现随着民族地区数字政府建设总分变小而变小这一态势。因此，测算建设基础与数字政府建设指数总分的相关性时，可以选取中枢强基指数作为"中枢强基指数、政务服务指数、决策治理指数和运营保障指数"这几者的代表。

由此可以作出假设1："数据体系""中枢强基指数"得分与总分具有显著相关性，即数字政府建设基础与建设水平具有显著相关性。为了验证这个假设，对表2、表3中展现的民族地区"数据体系""中枢强基指数"得分与数字政府建设指数总分进行皮尔逊相关系数分析，分析结果如表4、图1和表5、图2所示。

表4 数字政府建设基础与建设水平的皮尔逊相关系数分析（2019年）

	相关性		
		总分	数据体系
总　分	Pearson 相关性	1	0.952 **
	显著性（双侧）		0.000
	N	17	17
数据体系得分	Pearson 相关性	0.952 **	1
	显著性（双侧）	0.000	
	N	17	17

从表4中可以看出，通过 SPSS 21.0 皮尔逊相关值计算，得到结果相关系数为 0.952，相关性成立，并且 $P < 0.001$，表明二者呈显著正相关关系，即民族地区数字政府建设基础优化时，数字政府建设水平随之提高，这一情况可以用图1加以直观地展现。

[①] 指狭义上的建设基础，即政府内部与数字政府建设相关领域的现状。

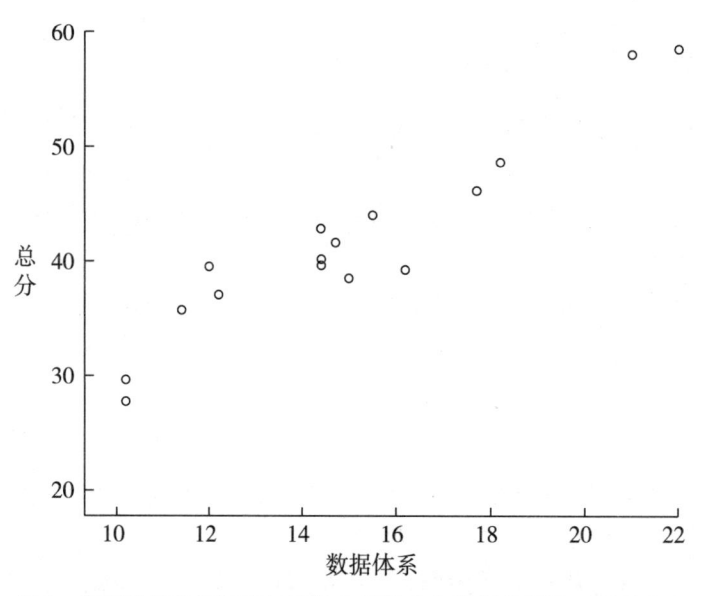

图 1　数字政府建设基础与建设水平的皮尔逊相关系数（2019 年）

如图 1 所示，民族地区数字政府建设基础与建设水平的皮尔逊相关系数图（2019 年）蕴含上升曲线，表明：第一，我国地级市民族地区 2019 年的数据体系得分与数字政府建设指数总分这两者之间存在明显的正相关性；第二，民族地区数字政府建设水平不平衡很大程度上归因于建设基础不平衡；第三，越靠近左下方和右上方，点的离散程度越低。表明数字政府建设基础坚实程度较低、较高时与数字政府建设水平之间的"契合度"很高，坚实程度居中时则"契合度"稍低。

表 5　数字政府建设基础与建设水平的皮尔逊相关系数分析（2020 年）

	相关性		
		总分	中枢强基指数得分
总分	Pearson 相关性	1	0.850 **
	显著性（双侧）		0.000
	N	18	18
中枢强基指数得分	Pearson 相关性	0.850 **	1
	显著性（双侧）	0.000	
	N	18	18

从表 5 中可以看出，通过 SPSS 21.0 皮尔逊相关值计算 2020 年民族地区数字政府建设基础与建设水平相关性，结果与 2019 年相似：相关系数为 0.850，相关性成立，并且 $P < 0.001$，表明二者存在显著的正相关性，这一情况可以用图 2 加以直观地展现。

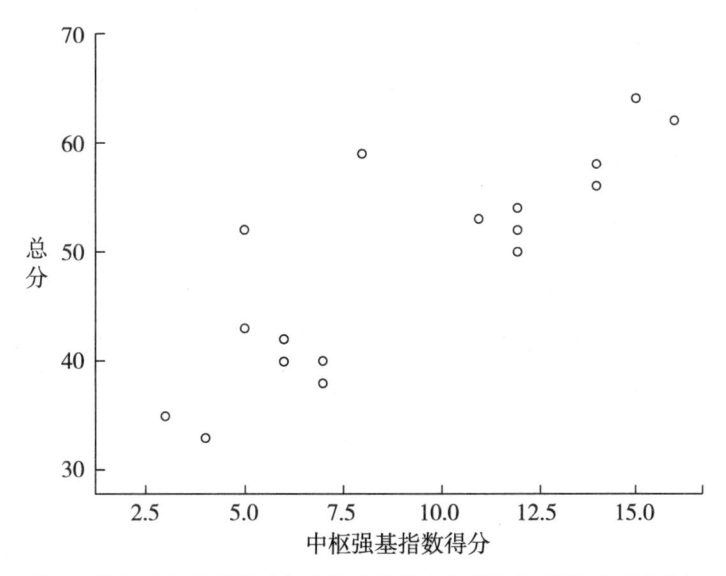

图 2 数字政府建设基础与建设水平的皮尔逊相关系数（2020 年）

图 2 与图 1 十分相似，表明：数字政府建设基础与建设水平这两者之间存在明显的正相关性，后者不平衡很大程度上归因于前者不平衡；一些地方明显偏离大多数点所在区域的实例，如梧州：乌海、梧州与克拉玛依的总分相当，但梧州的中枢强基指数得分明显偏低。

图 1 和图 2 的情况表明：除了建设基础之外，必然还有某些因素对数字政府建设水平的高低具有影响，而且其他因素的影响力会在数字政府建设基础的坚实程度处于中间水平时变大。由此引出民族地区数字政府建设水平高低及不平衡问题的下一个影响因素：数字政府建设环境。

（二）建设的经济性因素

已有研究显示：我国省区市的经济发展水平（以人均 GDP 呈现）与数字政府建设水平这两者之间存在相关性，但这种相关性不显著。[①] 这一结论同样适用于民族地区："数字政府建设水平与经济发展水平之间不平衡"是民族地区数字政府建设过程中存在的问题之一，表明以人均 GDP 呈现的民族地区经济发展水平与数字政府建设水平之间不一定具有相关性，实例如：与鄂尔多斯和海西相比，银川、南宁、柳州和桂林的数字政府建设指数得分较高但人均 GDP 数值不高。不能简单地根据这种情况直接否定马克思主义"经济基础对上层建筑具有决定作用"这一观点。为了验证马克思主义的观点在民族地区数字政府建设过程中的适用性，有必要探究经济基础领域其他数据与数字政府建设水平的相

[①] 王少泉：《大数据发展水平的影响因素与我国区域差异化发展》，《东南学术》2020 年第 6 期。

关性。宏观上来看，数字经济发展水平是经济发展水平的重要组成部分，而且数字经济和数字政府都是数字中国建设的重要组成部分。由此可以作出假设2：民族地区数字经济发展水平与数字政府建设水平之间具有显著相关性。为了验证这一假设，有必要对表2、表3中呈现的地级市民族地区数字经济得分与数字政府建设指数总分进行皮尔逊相关系数分析，得出的结果如表6、图3和表7、图4所示。

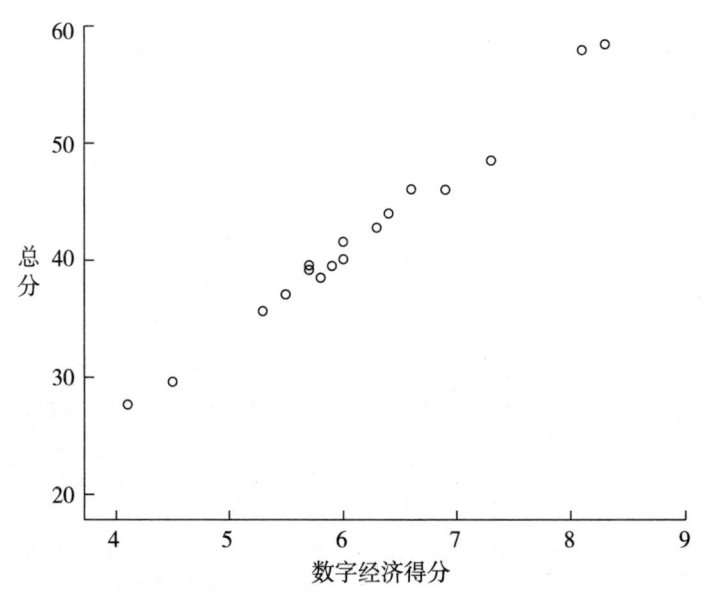

表6　数字经济发展水平与数字政府建设水平的皮尔逊相关系数分析（2019年）

	相关性		
		总分	数字经济得分
总分	Pearson 相关性	1	0.994**
	显著性（双侧）		0.000
	N	17	17
数字经济得分	Pearson 相关性	0.994**	1
	显著性（双侧）	0.000	
	N	17	17

从表6中可以看出，通过SPSS 20.0皮尔逊相关值计算（民族地区数字经济发展水平与数字政府建设水平相关性），得到结果相关系数为0.994，相关性成立，并且$P<0.001$，表明二者呈显著正相关关系，这一情况可以用图3加以直观地展现。

图3　数字经济发展水平与数字政府建设水平的皮尔逊相关系数（2019年）

如图3所示，民族地区数字经济发展水平与数字政府建设水平的皮尔逊相关系数图（2019年）蕴含上升曲线而且点的离散程度很低，表明：我国地级市民族地区2019年的数字经济得分与数字政府建设指数总分这两者之间存在明显的正相关性；民族地区数字政府建设水平不平衡很大程度上归因于数字经济发展水平不平衡。

表7 数字经济发展水平与数字政府建设水平的皮尔逊相关系数分析（2020年）

相关性		总分	数字经济得分
总分	Pearson 相关性	1	0.817**
	显著性（双侧）		0.000
	N	18	18
数字经济得分	Pearson 相关性	0.817**	1
	显著性（双侧）	0.000	
	N	18	18

从表7中可以看出，通过SPSS 20.0皮尔逊相关值计算，得到结果相关系数为0.817，相关性成立，并且 $P<0.001$，表明二者呈显著正相关关系，这一情况可以用图4加以直观地展现。

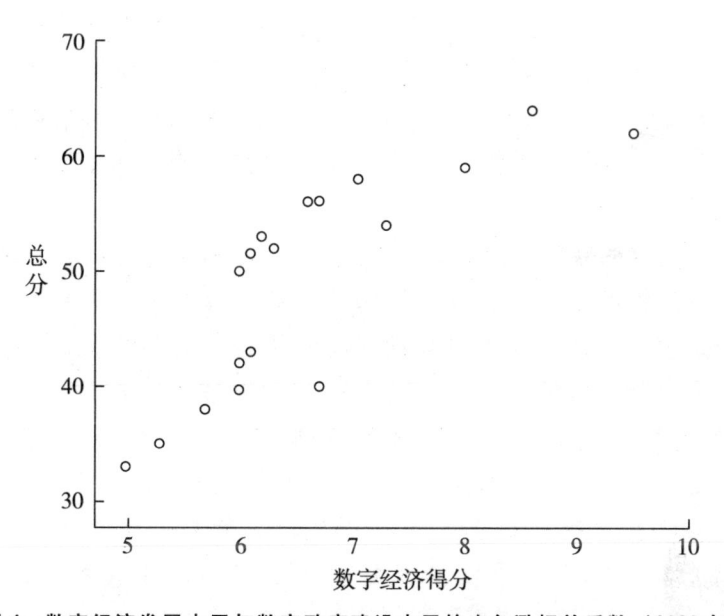

图4 数字经济发展水平与数字政府建设水平的皮尔逊相关系数（2020年）

如图4所示，民族地区数字经济发展水平与数字政府建设水平的皮尔逊相关系数图（2020年）蕴含上升曲线，表明：第一，我国地级市民族地区2020

年的数字经济得分与数字政府建设指数总分这两者之间存在明显的正相关性，这意味着民族地区数字政府建设水平不平衡很大程度上归因于数字经济发展水平不平衡；第二，图4中点的离散程度高于图3中点的离散程度，尤其是蕴含的上升曲线的中段离散程度较大，呈现不平衡色彩。

（三）建设的环境性因素

从民族地区数字政府建设环境方面来看，重要影响因素是：数字政府建设过程中是否面临"强—弱政府困境"；数字政府建设是否惠及最广大人民群众并获得足够支持。从实例来看，与日喀则和昌都等地方相比，银川和南宁的数字政府建设环境明显更好，并未面临"强—弱政府困境"，非网民占比相对较小，即数字政府建设能够惠及大部分人民群众从而能够获得足够支持，为银川和南宁的数字政府建设水平较高提供了良好保障。这两方面的情况分述如下。

1. 是否面临"强—弱政府困境"对民族地区数字政府建设水平高低具有重要影响

数字政府建设初期：相关法律、制度及政策等尚不完善，面临很多新问题；社会组织、企业及公民等主体参与建设的能力不平衡。出于解决这些问题、消除治理过程中潜在风险的考虑，政府倾向于在建设过程中强化作用，政府边界随之扩张，政府与诸多治理主体之间在功能和地位等方面呈现明显的不平衡状态。数字政府建设取得一定成效之后：相关法律、制度及政策等逐渐完善，社会组织、企业及公民等主体的参与能力有所增强，生成促使政府收缩边界、不同治理主体的地位和作用等相对平衡的需求，促使政府与诸多治理主体之间原本的明显不平衡状态向相对平衡状态转变。

我国大量地方的数字政府建设已经进入"弱政府"阶段时，诸多民族地区因为起步较晚依然处于"强政府"阶段，呈现明显的不平衡状态。非民族地区的"弱政府"诉求对很多民族地区产生影响，一定程度上导致民族地区数字政府建设过程中同时面临"强政府"和"弱政府"这两种需求。[①] 民族地区数字政府建设过程中：需要构建治理框架、设置治理规范，完成这些任务需要"强政府"；需要在党委领导下构建多元主体共同参与的治理架构，完成这一任务需要"弱政府"。这是民族地区与非民族地区、民族地区之间数字政府建设水平、不同群体受益程度呈现不平衡状态的重要影响因素。

---

① 王少泉：《数字政府治理"强—弱政府均衡"的生成与优化途径——基于非均衡治理理论》，《中国治理评论》2022年第2期。

2. 数字政府建设是否广泛惠及公众并获得充分支持对民族地区数字政府建设具有重要影响

《中国互联网络发展状况统计报告》显示：1997～2022年我国非网民总数量在全国总人口中的占比稳步下降，与此相伴的是数字政府建设水平稳步上升，表明两者之间存在明显相关性，这种相互作用有助于解决数字政府建设过程中不同群体之间受益程度不平衡这一问题。与非民族地区相比，民族地区的非网民占比通常较大，民族地区非网民较难在数字政府建设过程中获益，与网民之间呈现明显的不平衡状态，对民族地区数字政府建设进程形成阻滞，表明外部环境不佳在一定程度上阻滞民族地区数字政府建设水平提升、催生民族地区之间及与非民族地区之间数字政府建设水平不平衡问题。

四 结论与不平衡问题的破解途径

（一）结论

1. 建设基础对数字政府建设水平具有显著影响

民族地区数字政府建设在一定基础上展开，意味着数字政府建设基础的情况必然对建设水平高低具有影响，而且皮尔逊相关系数分析也证明即假设1"数字政府建设基础与建设水平之间具有显著相关性"成立。2019年的"数据体系"作为建设基础中"数据体系、数字管治、保障体系和政务服务"这几者的代表。2020年的"中枢强基指数"作为建设基础中"中枢强基指数、政务服务指数、决策治理指数和运营保障指数"这几者的代表。这两个指标得分高低与数字政府建设指数得分高低具有明显相关性。

在省级政府的比较中：一方面，我国五个自治区的"数据体系"和"中枢强基指数"得分都低于全国平均值，一定程度上表明五个自治区的数字政府建设基础相对较差，这是五个自治区数字政府建设指数总分都低于全国平均值、与非民族省市之间呈现不平衡状态的重要影响因素；另一方面，五个自治区的"数据体系"和"中枢强基指数"得分呈现不平衡状态，在很大程度上导致五个自治区的数字政府建设水平呈现不平衡状态。

在地级市政府的比较中：一方面，我国大部分民族地区的"数据体系"和"中枢强基指数"以及建设基础中其他指标的得分偏低，仅有银川和南宁两个市的得分高于全国平均值，总分也仅有这两个市高于全国平均值，这是我国很多民族地区数字政府建设水平低于非民族地区、呈现不平衡状态的重要原因；另一方面，不同民族地区的"数据体系"和"中枢强基指数"以及建设基础中其他指标的得分呈现一定的不平衡状态，这是不同民族地区数字政府建设水平呈现不平衡状态的重要影响因素。

2. 建设环境对数字政府建设具有重要影响

从政府内部环境来看，是否面临"强—弱政府困境"对民族地区数字政府建设水平高低具有重要影响：民族地区数字政府建设过程中很多法规及政策等需要依托政府强制力才能得到有效实施，进而全力助推数字政府建设进程，这是"强政府"的重要表现之一，但是在存在"弱政府"诉求的情况下，政府的强制力会被削弱，意味着数字政府建设过程中某些法规及政策等不易取得预期成效，难以全力助推数字政府建设进程。面临"强—弱政府困境"的民族地区则必须协调好这两个目标，这是一种必须有所偏重的两难抉择。

从政府外部环境来看，数字政府建设是否惠及最广大人民群众并获得足够支持对民族地区数字政府建设情况具有重要影响。我国大部分民族地区的非网民占比高于全国均值（28.4%），意味着诸多民族地区约1/3的群众难以在数字政府建设过程中明显获益，这些群众通常不会也难以积极参与数字政府建设进程，导致民族地区在数字政府建设过程中难以拥有更多有利条件。可见，无论是政府内部环境还是政府外部环境，都对数字政府建设水平高低具有重要影响，环境良好的民族地区通常数字政府建设水平较高，反之则数字政府建设水平较低。

3. 数字经济发展程度决定着数字政府建设水平

民族地区人均GDP与数字政府建设水平的相关性并不显著，这一情况主要归因于：当前的GDP核算体系成型于工业时代中期，测算经济发展水平时偏重实体经济的发展程度，对数字经济的重视程度相对较低，因而难以准确、全面呈现数字时代的经济发展水平。这意味着：运用工业时代成型的GDP核算体系难以准确测算出数字时代民族地区的经济发展水平高低；当前人均GDP较高的民族地区经济发展水平不一定真的高于其他民族地区，如从表2、表3能够看出海西和鄂尔多斯的人均GDP明显高于银川和南宁，但前两者的经济发展水平实际上低于后两者，前两者只是在工业时代形成的GDP核算体系中显得经济发展水平很高，实际上尚未有效发展能够夯实数字政府建设基础的数字经济，在很大程度上导致前两者的数字政府建设水平低于后两者。

皮尔逊相关系数分析结果显示假设2"民族地区的数字经济发展水平与数字政府建设水平之间具有显著相关性"成立，表明：马克思主义关于"经济基础与上层建筑"的相关论断完全正确；以数字经济得分呈现的数字经济发展水平与数字政府建设水平的相关性十分明显。从时代色彩来看，人均GDP更多地具有"工业时代色彩"，数字经济更多地具有"数字时代色彩"，数字政府建设也明显具有"数字时代色彩"，时代色彩的相似使得数字经济得分与数字政府建设指数总分之间呈显著正相关关系。

(二)"第三波浪潮"中民族地区数字政府建设不平衡问题的破解途径

1. 以系统权变的倾向性治理举措推进民族地区数字政府建设进程

第一,必须切实强化数字政府建设过程中的系统性。依照数字时代治理"第三波浪潮"理论实施一些举措,如数字政府建设过程中:根据现实需求适时调整多元主体各自的地位和作用;进一步提升多元主体之间的整合程度,强化各主体、各部门之间的协同运作水平。第二,数字政府建设过程中切实做到权变。因地制宜、因时制宜地实施不同的数字政府建设政策和举措,尤其是分阶段地关注效率和公平,建设水平较低的阶段重点关注效率,建设水平较高、公平问题凸显的阶段重点关注公平,基于此有效防范不平衡状态的"突破力"大于治理体系承载力。第三,数字政府建设过程中不可追求绝对平衡。不同民族地区推进数字政府建设进程时,从空间角度来看无须与其他地方整齐划一、追求绝对平衡,而须根据现实情况做到因地制宜;从时间角度来看不可一直偏重某一种或某几种治理举措,而须根据现实情况的变化不断调整治理举措,切实做到因时制宜。

2. 夯实数字政府建设的基础

第一,基于具有倾向性的政策进一步优化资产体系和目标体系的运行效能,夯实民族地区数字政府建设的基础;第二,在各类"规划"和文件中进一步明晰数字政府建设过程中不同主体、不同部门的职责和任务,使每个领域的具体工作都有专门的机构及人员负责,消除"政出多门、相互推诿"等现象;第三,根据各地实际制定人才规划,强化人才政策的资金支持,基于此有效吸纳数字领域的优秀人才到各民族地区工作,进一步增强数据的应用支撑能力;第四,依托资金支持实现数字技术的有效使用,以有效打通各主体之间、各部门之间的信息壁垒,强化数据的共享、开放和核心基础数据库建设。

3. 降低政府面临"强—弱政府困境"的可能性

第一,分项完成不同阶段的建设任务。在数字政府建设过程中,强化政府对法制建设、制度建设及政策优化的重视程度,在这一基础上逐渐提升企业和公民等数字政府建设客体对政府的影响力,降低主客体之间的不平衡程度。第二,革新公务员的数字政府建设理念并强化多元主体参与数字政府建设的能力。在优化多元主体条件尤其是经济条件的基础上,强化这些主体参与数字政府建设的理念,助力数字政府建设相关制度完善并触发政府根据现实需求主动调整边界。第三,有效制定和实施与数字政府建设相关的法律及政策等,优化社会组织、企业和公民等主体参与数字政府建设的条件和渠道,并根据现实需求及时调整对效率和公平的重视程度。

4. 优化非网民转变为网民的条件

第一，强化非网民自身条件。发展特色产业以优化民族地区公民的经济条件，并借助政府的资金支持或某些公益组织的努力，为试图成为网民的非网民提供免费上网培训指导，使非网民具备基本的上网条件，如懂电脑、网络和拼音等。第二，降低上网难度。进一步强化基层尤其是农村地区的上网条件，为民族地区的公民提供可以无障碍使用的上网设备，并适度降低上网费用，减少非网民转变为网民过程中存在的障碍。第三，革新非网民理念。借助宣传、教育和培训等使非网民明晰上网能够方便与家人或亲属联系、方便销售或购买商品、方便获取专业信息，以有效提升非网民转变为网民的积极性。

5. 全面推进数字经济发展

第一，借助宣传、培训等方式革新民族地区诸多主体的理念，使更多主体意识到发展数字经济才有望实现民族地区在经济领域的"弯道超车"，进而愿意重视和参与到发展数字经济的过程中；第二，优化发展数字经济的相关机制及政策，努力实现民族地区数字经济的快速发展，降低不同地区之间经济发展水平的不平衡程度；第三，因地制宜地推进数字经济发展不可强求绝对平衡。不同民族地区的数字经济发展基础、发展水平不平衡，因此不可强求各地的发展举措整齐划一，须在展开深入调研的基础上持续出台契合各民族地区实际的发展政策，在增强经济实力的基础上助推民族地区数字政府建设进程。

The Influential Factors and Solutions to the Imbalance of Digital Government Construction in Ethnic Regions in "the Third Wave"

Dong Lisheng

Abstract: Currently, China is in "the third wave" of digital governance in the digital age. As an important component of digital government construction in China, digital government construction in ethnic areas has achieved significant results, but there is an imbalance problem. Basic, economic, and environmental factors have a significant impact on this issue. In the future, in the process of digital government construction in ethnic areas, the following approaches must be used to address the imbalance problem: promoting the governance process through systematic contingency oriented governance measures; Consolidate the foundation of digital government construction; Reduce the likelihood of the government facing a "strong weak government dilemma"; Optimize the conditions for non internet users to transform into internet users; Comprehensively promote the development of the digital economy.

Keywords: "The Third Wave"; Ethnic Areas; Digital Government Construction

"三位一体"建设视角下的新业态用工关系治理研究

李长勇[**]

【摘　要】 新业态用工关系的产生和发展是数字社会、平台经济等新经济形态发展的必然结果，是对传统用工模式的有益补充，有利于扩大就业。但新业态用工劳动管理所体现出的灵活、松散、弹性等特点，导致新业态用工关系难以用传统的劳动法进行规制。对新业态用工关系的治理应当以习近平法治思想中"坚持依法治国依法行政依法执政共同推进、法治国家法治政府法治社会一体建设"的"三位一体"建设理论为指导，将新业态用工治理纳入全面推进依法治国的进程中，坚持法治思维和法治方式，在法治国家、法治政府、法治社会的层面上分别规划国家政策、政府行为和社会责任。新业态用工关系治理在国家层面上应坚持立法先行，加强顶层设计；在政府层面上应发挥政府主导作用，规范治理行为；在社会层面上应动员社会主体广泛参与，强化社会责任体系建设。

【关键词】 用工关系；新业态用工；法治思想

一　问题的引出

马克思主义认为，劳动是人的社会本性和社会关系形成和发展的基础，是人在社会实践中彼此相互联系、共同生活的第一个基本的实践形式。而劳动衍

---

[*] 本文为2022年度山东省社会科学规划研究平安山东法治山东建设研究专项"山东新业态用工环境治理法治化保障研究"（项目编号：22CFZJ20）的阶段性成果。
[**] 李长勇，山东大学法学院副教授，山东省法学会习近平法治思想研究中心、山东大学习近平法治思想研究中心研究员，主要研究方向为习近平法治思想、宪法学、劳动法学。

生出的劳动关系的发展样态在不同时期必然受到社会多重因素的影响。为了配合《国民经济和社会发展第十四个五年规划和2035年远景目标纲要》的实施，2021年12月12日，国务院印发了我国数字经济领域的第一部国家级专项规划——《"十四五"数字经济发展规划》，中国数字经济的发展由此驶上快车道。《"十四五"数字经济发展规划》中明确指出："数字经济是继农业经济、工业经济之后的主要经济形态，是以数据资源为关键要素，以现代信息网络为主要载体，以信息通信技术融合应用、全要素数字化转型为重要推动力，促进公平与效率更加统一的新经济形态。"2023年2月，中共中央、国务院印发的《数字中国建设整体布局规划》指出："建设数字中国是数字时代推进中国式现代化的重要引擎，是构筑国家竞争新优势的有力支撑。加快数字中国建设，对全面建设社会主义现代化国家、全面推进中华民族伟大复兴具有重要意义和深远影响。"在数字经济、平台经济等新经济形态下，从互联网技术再到近年来的人工智能、大数据等数字技术的发展成果已经成为社会生产诸多要素的一种，深刻影响和改变了传统社会形态中的劳动关系，形成了所谓的新就业形态。

从生产关系的角度理解，新就业形态下的用工关系作为一种用工模式，也是劳动者与用人单位建立用工关系、实现劳动者就业的一种就业形态。但是有别于传统用工模式，新就业形态下的劳动力供求关系是依托互联网等新兴技术手段实现的，更加高效和便利。同时这种新就业形态下用工关系的组织方式更加灵活和松散，用工内容更加多样并具有弹性，工作安排也具有更大的自由度。新业态用工已经成为我国促进就业的一条重要渠道。

但是以平台用工为代表的新业态用工关系中，平台与劳动者之间的从属性更加具有隐蔽性，劳动管理体现出灵活、松散、弹性的外观，新业态用工关系按照传统的劳动关系从属性标准难以被认定为劳动关系，新业态用工关系中劳动者的合法权益无法纳入劳动法的保护范围。因此传统的劳动关系二分法（以"劳动法—民法"二元构架为基础，分别调整劳动者与用人单位之间、平等主体之间的独立性劳动的模式）在数字经济时代难以回应劳动者的权益保障困境。[1] 同时，新业态用工关系治理模式不仅与新经济形态中的用工主体的用工成本息息相关，也直接关系到新经济形态发展和新技术成果应用的外部环境。因此，新业态用工关系治理模式改革，不仅是对传统劳动关系二元调整模式的改革，同时也是对以平台用工为代表的数字经济、互联网经济等新兴技术产业相关法律体系的改革和调整。

在治理目标和立场上，必须将保障劳动者权益与规范未来经济技术发展有机地结合起来。这一过程，显然既涉及公共治理与社会协作治理的交叉，同时

---

[1] 王天玉：《平台用工的"劳动三分法"治理模式》，《中国法学》2023年第2期。

也涉及风险社会、数据治理多重因素。① 因此，新业态用工关系治理是对我国国家治理体系和治理能力的重大考验。习近平总书记指出："法治是国家治理体系和治理能力的重要依托。只有全面依法治国才能有效保障国家治理体系的系统性、规范性、协调性，才能最大限度凝聚社会共识。"② 要准确把握全面依法治国工作布局，就必须坚持"三位一体"建设，即"坚持依法治国、依法执政、依法行政共同推进，坚持法治国家、法治政府、法治社会一体建设"。社会主义现代化建设的各项事业都必须纳入"三位一体"建设的系统工程中，统筹兼顾、把握重点、整体谋划。因此，新业态用工关系治理也必须从共同推进上着力，从一体建设上用劲，坚持法治思维，运用法治方式，动员国家、政府和社会多方面的力量，综合考虑多方面的因素，探索新业态用工关系治理的中国模式、中国方案。

二 新业态用工的积极意义

中华全国总工会于 2023 年初发布了《迈向新征程的中国工人阶级——第九次全国职工队伍状况调查总报告》。该报告显示，目前全国职工总数 4.02 亿人左右，新就业形态劳动者已达 8400 万人，占比已经超过 1/5。可以认为，新就业形态与我国整体就业形势息息相关，对我国经济社会的发展具有重要影响。③

在"新就业形态"的概念出现之前也出现过与传统就业形态相对的其他概念。国际劳工组织最早在 20 世纪 70 年代就提出了"非正规就业部门"的概念，群体包括微型企业、家庭企业和独立服务者三类。④ 我国在 2001 年"十五"规划中首次提出"灵活就业"概念。而"新就业形态"这一表述的首次出现，是在 2015 年 10 月党的十八届五中全会公报中。该公报提出：促进就业创业，坚持就业优先战略，实施更加积极的就业政策，完善创业扶持政策，加强对灵活就业、新就业形态的支持，提高技术工人待遇。同时，《中共中央关于制定国民经济和社会发展第十三个五年规划的建议》中提出："坚持就业优先战略，实施更加积极的就业政策，创造更多就业岗位，着力解决结构性就业矛盾。完善创业扶持政策，鼓励以创业带就业……加强对灵活就业、新就业形态的支持，促进劳动者自主就业。"⑤ 随后 2016 年的政府工作报告中提出，要"加强对灵活就业、新就业形态的扶持"⑥。为了持续推进新经济新业态发展，2020 年 9 月

---

① 沈岿：《行政法理论基础：传统与革新》，清华大学出版社，2022，第 112 页。
② 《习近平谈治国理政》第 4 卷，外文出版社，2022，第 292 页。
③ 《第九次全国职工队伍状况调查综述》，《工人日报》2023 年 3 月 1 日。
④ 李军锋：《我国非正规就业研究》，河南人民出版社，2005，第 15 页。
⑤ 《十八大以来重要文献选编》（中），中央文献出版社，2016，第 814 页。
⑥ 《十八大以来重要文献选编》（下），中央文献出版社，2018，第 277 页。

国务院办公厅印发的《关于以新业态新模式引领新型消费加快发展的意见》指出:"鼓励发展新就业形态,支持灵活就业,加快完善相关劳动保障制度。指导企业规范开展用工余缺调剂,帮助有'共享用工'需求的企业精准、高效匹配人力资源。促进新业态新模式从业人员参加社会保险,提高参保率。"

新业态用工是一种以互联网为基础平台,深度融合云计算、大数据等新技术与实体经济,培育新的经济增长点而衍生出的新型用工模式。[①] 在新就业形态下不论是企业招募员工还是劳动者选择工作,大多是通过平台运用互联网技术来完成的。企业通过互联网技术对劳动者的资格进行一定审查后,利用大数据计算并通过平台分配与消费者下单行为所匹配的工作内容。劳动者的工作内容和工作量是基于互联网技术所传递的某个特定时间的消费者的数量和要求来决定。新业态用工关系具有互联网技术介入程度深、用工灵活性强、入职门槛低等特点,打破了传统的就业观念和劳动组织方式。

新就业形态能够提供丰富多样的就业岗位,其数字化的组织方式极大地提升了平台企业调整岗位的类型和数量的效率,做到几乎与市场需求变化同步,能够很有效地提高就业率和管理效率,是经济发展的新动能。对于平台企业等用人单位来说,可以更加自由灵活地配置劳动力资源,节约人工管理成本,更好地引进优质人才,发挥人才创新的作用,增强企业的创新能力。对于劳动者等平台从业人员来说,可以更加便捷地获取工作机会,实现自主、灵活就业。党的二十大报告指出,要"实施就业优先战略……促进高质量充分就业"[②]。而新就业形态能为劳动者创造更多的岗位,为实现充分就业提供了新的增长点。

新就业形态是一种与数字经济和数字社会相对应的、与传统就业方式截然不同的灵活的就业方式。这种新就业形态不仅涵盖了大量家政、餐饮服务等传统服务行业的"零工",还包括互联网用工、平台用工等新业态工种,如外卖快递骑手、网约车司机、代驾司机、网络平台游戏主播和带货主播、游戏代练等依托互联网、平台软件而生的"数字零工"。后者明显成为新业态用工的主流,而且大有持续蓬勃发展的态势。可见,新就业形态的核心就是灵活就业,是对传统就业形态的有益补充。

三 新业态用工关系治理的难点

中华全国总工会发布的《第九次全国职工队伍状况调查总报告》也指出,

[①] 马越:《"优加任务":综合性新业态用工平台——新科讯与时俱进,实现自我改革》,《中国人力资源社会保障》2019年第11期。
[②] 习近平:《高举中国特色社会主义伟大旗帜 为全面建设社会主义现代化国家而团结奋斗——在中国共产党第二十次全国代表大会上的报告》,人民出版社,2022,第47页。

受产业结构调整、平台经济兴起、择业观念变化等因素影响,新就业形态在职工权益保障、队伍稳定等方面面临新形势新挑战。① 根据共青团中央维护青少年权益部、中国社会科学院社会学研究所共同组织的《新业态青年发展状况与价值诉求调查》分析,超过1/4的新业态青年劳动者没有任何就业保障,其中电子竞技员、网络主播和网络文学写手的社保覆盖率最低。② 这也代表着新业态劳动者面临着就业和收入不稳定、医疗和养老保障缺失、职业安全风险增大等困境。

以灵活就业为主要特征的新就业形态,在为部分劳动者创造了更多、更灵活、更便捷的就业机会,降低了企业用工成本的同时,也在一定程度上颠覆了传统的用工模式。以外卖服务、网约车服务等平台用工为例,在新业态用工关系中往往涉及三方主体。一方是平台企业,另外两方是在平台上进行注册使用的用户。一般而言,平台企业会提供两种版本或者身份进行注册。一种是消费者用户账户,即劳务的需求一方,表现为通过在平台"下单"发布劳务需求信息;另一种是劳动者用户账户,即劳务的实际提供一方,表现为通过在平台"接单"独立或与平台共同为消费者提供劳务。一般而言,平台企业就是在一定的流量基础上,利用数据工具等技术手段,对劳务的需求方和提供方进行筛选匹配,同时满足消费者的劳务需求和劳动者的就业需求。

在新业态用工关系中,作为劳动组织方的平台企业占据了三大优势。第一,平台企业能够在相当广泛的范围内筛选出大量符合其标准的、可替代性极强的劳务提供者,招募的成本降低、效率提高。第二,平台企业可以利用其组织者的地位和技术上的优势,随意变更劳动报酬的计算标准,而数字平台的劳动者在协商和话语上明显处于劣势。平台企业在筛选匹配时通常使用格式合同与劳务提供者建立关系,劳动者甚至没有任何机会能够和平台企业就合同条款的调整展开协商,仅能选择是否接受。平台企业完全可以通过极具偏向性的条款压缩劳务提供者获利空间,为其自身争取最大利益。第三,平台企业既可以通过管理模块实现新业态劳动者的批量管理,又可以通过技术手段割裂新业态劳动者之间的联系实现针对性管理。因此,新业态劳动者相比于平台企业并不具备比传统劳动者相对于用人单位更多的能力优势、信息优势和谈判优势。

新业态劳动者作为劳务的实际提供者,既不同于平台用户群体是平台企业的消费者,是平台企业的"上帝";又不同于平台企业自身雇佣的为其组织运营服务的传统意义上的员工,是平台企业赖以生存的基础。相对于借助互联网享有信息优势的平台用工企业而言,新业态劳动者的可替代性更强。从新业态

---

① 《第九次全国职工队伍状况调查综述》,《工人日报》2023年3月1日。
② 朱迪:《新业态青年发展状况与价值诉求调查》,《人民论坛》2022年第8期。

用工的现状及特点来看，新业态劳动者始终处于"数字弱势""信息弱势"的不利地位。随着新业态劳动者群体的不断增多，相关的制度保障就显得更加重要。

在劳动法上，劳动关系中的劳动权益从权利主体和权利内容的角度可以分为个体劳动权和集体劳动权（具体内容见图1）。

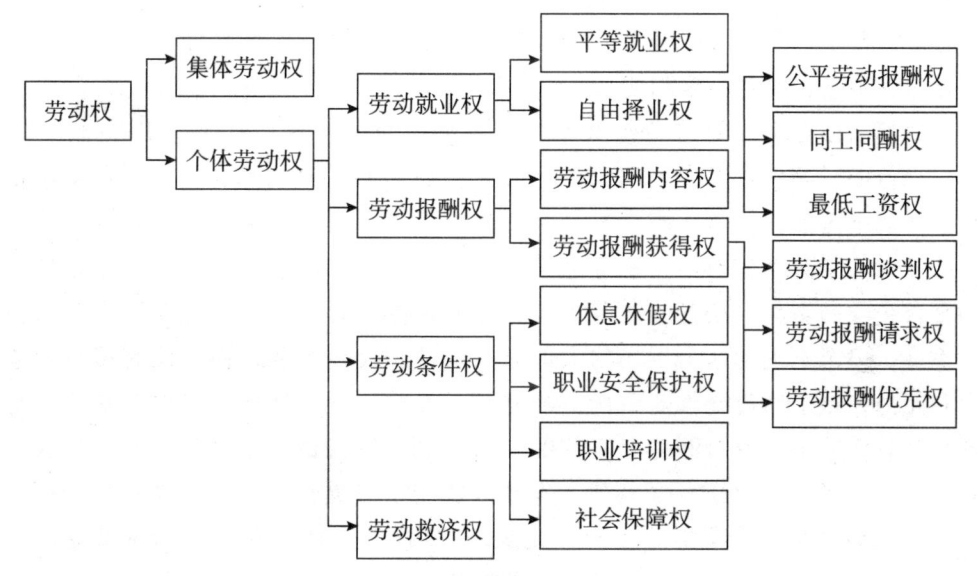

图1 劳动权益分类

资料来源：张成刚：《新就业形态劳动者的劳动权益保障：内容、现状及策略》，《中国劳动关系学院学报》2021年第6期。

尽管权利内容十分明确，但就现阶段而言，新业态用工的自由化外观，引发了新业态劳动者是否属于劳动法意义上的劳动者的争议，因此，新业态劳动者的权益保障仍存在一定的制度障碍。如果新业态用工关系不能被认定为劳动关系，那么新业态劳动者就无法获得劳动法上的权利保障。

新就业形态在劳动层面的特殊性在于，与传统的由用人单位单方决定劳动条件和形式的劳动关系不同，新就业形态劳动者通过平台提供劳动时，可以自主决定是否提供劳务以及提供劳务的时间和地点，因此具有更多的"劳动自主性"。也就是说，在劳务需求方面前出现的，不再是传统的用人单位一方主体，而是以"共同提供劳务"的外观出现的平台和平台劳动者两个主体。平台是接收劳务需求信息的主体，而平台劳动者是实际满足劳务需求的主体。劳务需求方、平台、平台劳动者三者之间具有更加灵活、自由、多样的组合方式，劳务需求方甚至可以指定劳动者提供劳务。因此，在大量的与新业态用工关系相关劳动争议中，新业态劳动者认定劳动关系的诉讼请求经常难以得到人民法院的支持。

虽然新业态劳动者劳务决定的自主性有所提升，但是由于缺乏组织保障和法律保障，劳动者关于劳务考评制度制定的参与权以及以此为基础的收入分配的参与决定权反而受到更加残酷的压缩，甚至出现争议时的异议权也得不到保障。与之相对，新业态劳动者所在平台企业的话语权更大，不仅掌握考核规则、分配规则的制定权，甚至可以凭借信息优势和算法控制直接剥夺或者决定劳动者获取劳务需求信息的权限。表面上看新业态劳动者可以自主决定是否接受劳务分配以及如何具体完成劳务，但在劳动者无法自主获得劳务需求信息的情况下，何谈劳务提供的决定权呢？

虽然表面上看新业态劳动者作为平台服务的参与者、劳务的实际提供者，其对平台的了解、技术的运用比平台劳务的需求者更加娴熟，但与平台企业相比，新业态劳动者仍然具有技术上的从属性。[①] 事实上互联网、大数据等工具的运用，加大了劳动者与平台企业之间的信息差，从而使新业态劳动者更容易受到平台企业的剥削。从新业态劳动者自身的条件来看，进入新就业形态的门槛并不高，以至于进入这个市场的大部分人的可替代性很强，而且没有相应的意识和能力在这个比传统就业市场更加复杂混乱的互联网环境中争取和保障自身的权益。以外卖行业为例，有学者在2021年对上海市的外卖众包（兼职）骑手和专送（专职）骑手进行了调研，发现外卖骑手以男性为主，整体受教育程度并不高，高中及以下学历的占比近九成。[②] 这样的群体即便是在传统就业市场中，也很少具备相应的权利意识和法律知识。

在新业态用工关系中，传统劳动关系从属性判断标准的模糊性增加了劳动法适用的难度。表面上看，新业态劳动者的劳动时间、地点和内容更加自由灵活，但这种灵活实际上为从业者带来了更多"枷锁"。一方面，新经济形态的收益通常是与工作量直接相关的，因此这种劳动的灵活性总是演变成从业者自发选择最大限度延长劳动时间、加大劳动强度以获取更多利益，而从业者越是努力工作，平台获得的利益越大，对从业者的剥削程度就越高；另一方面，灵活劳动会使平台和从业者之间显示出"合作关系"的表象，这使得从业者将在劳动过程中承担更多的责任风险，如网约车司机在发生事故后需要自行承担责任，平台仅承担少量责任或不承担责任。

总体上看，新业态劳动者所在的平台企业对从业者劳动机会的控制更加强势，甚至更加便利、更加隐蔽。与掌握算法控制、算法黑箱等数字优势的平台企业相对，平台劳动者则属于典型的"数字弱势群体"。"平台—用户的生产关系由于丧失了稳定的劳动契约和劳动法的保障，也让平台资本主义下的不平等

---

① 田思路：《技术从属性下雇主的算法权力与法律规制》，《法学研究》2022年第6期。
② 闫慧慧、杨小勇：《平台经济下数字零工的劳动权益保障研究》，《经济学家》2022年第5期。

和贫富分化变得越加严重"。① 而消除这种不平等和贫富分化，实现全体人民的共同富裕，必须将新业态用工关系治理与中国特色社会主义法治体系建设相结合。"我们既要立足当前，运用法治思维和法治方式解决经济社会发展面临的深层次问题；又要着眼长远，筑法治之基、行法治之力、积法治之势，促进各方面制度更加成熟更加定型，为党和国家事业发展提供长期性的制度保障。"②

四 新业态用工关系治理需要与"三位一体"建设相结合

党的十八大以来，以习近平同志为核心的党中央丰富和发展了党的十六大提出的"就业是民生之本"的重要论断。习近平总书记进一步指出："就业是最大的民生工程、民心工程、根基工程。"③ 新业态用工关系虽然给劳动者权益保障带来了一些困难和挑战，但客观上扩大了就业途径，也为新兴经济的快速发展提供了人力支持。新业态用工关系治理不仅是我国需要解决的问题，也已经成为世界各国劳动法面临的普遍难题。面对就业领域中的新形势、新问题，我们必须坚持以习近平法治思想为指导，为新业态用工关系治理提供中国模式、中国方案。

党的十九大报告指出："实践没有止境，理论创新也没有止境。"④ 习近平法治思想中的"三位一体"建设理论，即"坚持依法治国、依法执政、依法行政共同推进，法治国家、法治政府、法治社会一体建设"，是党在领导全国人民建设具有中国特色社会主义和建设社会主义现代化强国的伟大实践中提出的，是中国共产党治国理政相关理论的创新和飞跃。建设社会主义现代化强国离不开经济建设，劳动关系是现代社会经济关系的重要内容之一，因此新业态用工关系治理关系到国家经济持续健康发展和社会大局稳定。新业态用工关系的治理必须放在三位一体建设的框架下统筹规划，坚持法治思维、运用法治方式，才能实现新时代中国特色社会劳动关系全面、协调、可持续发展。

一方面，"三位一体"建设理论是习近平法治思想中有关全面依法治国工作布局的理论认识，为新业态用工关系治理提供了理论指导。进入新时代以来，党和国家高度重视劳动关系工作，不断推进劳动关系相关法律法规的完善及实施，加强劳动关系协商协调机制的建设，努力确保劳动关系总体上的和谐稳定。

---

① 蓝江：《数字时代的平台资本主义批判——从马克思主义政治经济学出发》，《人民论坛·学术前沿》2022年第9期。
② 《习近平谈治国理政》第4卷，外文出版社，2022，第289页。
③ 《习近平关于社会主义社会建设论述摘编》，中央文献出版社，2017，第67页。
④ 习近平：《决胜全面建成小康社会 夺取新时代中国特色社会主义伟大胜利——在中国共产党第十九次全国代表大会上的报告》，人民出版社，2017，第26页。

但是随着全球新一轮的科技浪潮和产业革命,新经济形态以及对应的新业态用工已经成为一股不可阻挡的时代潮流。在2019年的《政府工作报告》中就明确指出"要支持新业态新模式发展"①。但是在实践中有部分新业态用工单位以互联网平台的特殊性为借口,规避所应承担的劳动法律义务,客观上提升了政府对新业态用工关系进行有效监管的难度。习近平总书记指出:"在整个改革过程中,都要高度重视运用法治思维和法治方式,发挥法治的引领和推动作用,加强对相关立法工作的协调,确保在法治轨道上推进改革。"②"三位一体"建设所体现的全局思想、系统思维,要求将新业态用工关系治理放在党和国家的工作大局中思考谋划,彰显了新业态用工关系治理的价值导向。我们应当在"三位一体"建设理论指导下,推进新业态用工关系治理的中国化,致力于构建体现中国智慧、中国方案的劳动关系治理模式,为国际劳工事业的发展做出中国贡献。

另一方面,新业态用工关系治理也是社会治理必须要面对的实践问题,"三位一体"建设理论也可以通过在新业态用工关系治理中的运用进行检验并不断丰富和发展。理论的生命力在于实践,实践是理论的目的和归宿。习近平总书记在中共中央政治局第二十次集体学习时强调指出:"要根据时代变化和实践发展,不断深化认识,不断总结经验……实现理论创新和实践创新良性互动"③。认识与实践、理论创新和实践创新之间是辩证统一、互存互动的关系。保障新业态劳动者的切身权益是全面依法治国坚持以人民为中心的体现,实现新业态用工关系治理的法治化也是全面依法治国的题中应有之义。在党的十八届三中全会和四中全会、党的十九大以及党的二十大上,习近平法治思想中的"依法治国"理念不断深化和升华,提出了"依法治国依法执政依法行政共同推进,法治国家法治政府法治社会一体建设"④的具体路径。理论是实践的先导,也必将随着实践的发展而进一步丰富。随着新业态用工关系治理的不断推进,习近平法治思想也必将在实践中拓展新思路、增添新内涵、形成新论断,引领新时代中国特色社会主义建设不断向前迈进。

五　新业态用工关系治理的进路设计

(一)法治国家层面:建立健全新业态用工关系治理的制度体系

法治是人类文明的重要成果,一个现代化国家必然是法治国家。法治化是

---

① 《十九大以来重要文献选编》(上),中央文献出版社,2019,第854页。
② 《习近平关于全面深化改革论述摘编》,中央文献出版社,2014,第153页。
③ 《习近平关于社会主义文化建设论述摘编》,中央文献出版社,2017,第65页。
④ 《习近平谈治国理政》第4卷,外文出版社,2022,第293页。

国家现代化的内在要求。① "三位一体"建设的目标就是建设社会主义法治国家。其中，法律之治则是法治国家的第一要务，国家的政治、经济、社会、文化等方方面面所涉及的一切权利义务关系都应当被纳入法律调整的范围内。"治国有常，而利民为本"，坚持以人民为中心是依法治国的重要源泉。② 因此，将新业态用工关系治理纳入法治国家建设进程，既是坚持在法治轨道上推进国家治理体系和治理能力现代化的重要举措，同时也是坚持以人民为中心的渠道和方式。而科学立法是全面推进依法治国的前提，必须以立法引领新业态用工关系治理的改革。"在研究改革方案和改革措施时，要同步考虑改革涉及的立法问题，及时提出立法需求和立法建议。"③ 因此必须尽快建立健全与新业态用工关系治理有关的法律法规体系。

第一，建立健全新业态用工法律体系。面对人民日益增长的对良法善治的期待，我国法律规范体系还不够完备，重点领域、新兴领域相关法律制度还存在薄弱点和空白区。④ 这一点在劳动法律体系中体现得尤其明显。

一方面，对于部分性质相对明确的新业态用工关系，可以通过法律解释尝试对民法、劳动法现有制度进行微调，提升其适用性。"法律的生命不在于经验而在于逻辑"，揭示了法律的生命力就在于适用与解释的实践过程中。为了保证现有法律体系的稳定性，在某种新型社会关系出现时，通过解释的方法将其纳入现有法律的调整范围，是一种节约立法资源、提高法律效力的做法。可以将部分新业态用工关系纳入现有劳动法律体系。例如，我国《劳动合同法》中有关于"非全日制用工"的特别规定，而非全日制用工关系在劳动合同的签订、试用期、劳动合同的解除以及经济补偿金支付等方面与普通劳动关系均有所不同。因此，对采取非全日制形式的新业态用工关系可以参考该特别规定进行调整。

另一方面，对其他现阶段难以确定性质的新业态用工关系，通过立法手段克服目前劳动法只对从属性劳动提供保护的局限，设计一套适用于该新业态用工关系的特殊劳动制度。传统的劳动关系和新业态用工关系，在劳动者急需保护的权益范围上，存在一定的重合。根据国际经验，新业态劳动者的基本权益应该包括：获得最低小时工资、限制每天最长接单时间、强制周休息天数、提供职业安全保护、参与制定涉及从业人员切实利益的平台规则、平台从业人员

---

① 马怀德、张航：《推进法治中国建设的立场观点方法》，《法律科学（西北政法大学学报）》2023年第2期。
② 沈国明：《在大国治理新征程中推进法治中国建设——习近平法治思想研究综述》，《东方法学》2023年第1期。
③ 《习近平关于全面依法治国论述摘编》，中央文献出版社，2015，第51页。
④ 张文显：《全面推进中国特色社会主义法治体系更加完善》，《法制与社会发展》2023年第1期。

应获得职业技能培训等。① 针对这些权益，可以考虑搁置劳动关系认定，先行制定相关保护规则。除实体性规定外，还需要制定一些程序性规定，如新业态用工关系发生纠纷后的管辖机关和受理程序等。

第二，扩大社会保障的覆盖范围。在现行劳动法律制度框架下，劳动关系的建立与社会保障制度之间具有强关联性②，与传统劳动关系中的劳动者可以享受到健全的社会保障不同，目前新业态劳动者面临的最急切的问题就是社会保障尤其是职业伤害保障问题。针对该群体参保困难的现实，部分地区尝试针对工伤保险制度进行改革，主要是建立单独的职业伤害保险制度、扩大现有工伤保险参保对象这两种方式。笔者认为，扩大现有工伤保险参保对象的范围，由平台企业承担部分缴费义务，将现有新业态劳动者纳入工伤保险保障范围，可以尽快对新业态劳动者的职业伤害提供保障。政府可考虑进行适当补贴，同时缴费水平、工伤待遇均可低于现有传统劳动关系的工伤保险水平。但从长远角度看，应当建立单独的职业伤害保险甚至社会保障制度，才能从根本上满足新业态劳动者的社会保障需求。

从改革的经验上看，"先试点、后推广"的法治改革模式，能够兼顾法治领域改革蹄疾步稳。③ 2021年7月，国家多个部门连续出台以加强对平台劳动者权益的保护为主要目标的文件，例如《关于落实网络餐饮平台责任切实维护外卖送餐员权益的指导意见》《关于维护新就业形态劳动者劳动保障权益的指导意见》等文件强调，加强职业伤害保障，重点组织出行、外卖、实时配送、同城货运等行业的平台企业开展试点。以试验性立法的方式，通过行政立法、地方立法对部分新业态劳动者（如外卖骑手、网约车司机）的部分劳动权益（如职业伤害保障、最低收入保障），结合本地区的经济发展状况，成熟一个、保障一个。因地制宜，因时制宜，不断摸索经验，逐步实现新业态劳动者劳动权益保障的制度化、规范化，补齐新业态用工关系治理中劳动权益保障的短板。

第三，完善社会企业信用体系特别是平台企业信用体系建设。社会信用体系在提高社会互信、建设和谐社会关系中发挥着独特的作用。在需要法律倾斜保护的社会关系中，特别是劳动者与用人单位之间的信任更为重要。平等主体之间的信任丧失，只会促使这些主体转向其他主体寻求合作。但在不平等关系

---

① 涂伟：《新就业形态下劳动权益保护的主要国际趋势及对我国劳动立法改革的启示》，《中国劳动》2021年第1期。
② 黄振鹏、杨成广：《系统论视域下平台劳动者劳动权益保护的基本逻辑》，《中国劳动关系学院学报》2023年第2期。
③ 冯果：《深入研究中国式现代化与法治建设的关系（构建中国特色哲学社会科学）》，《人民日报》2023年2月13日。

中，信任丧失则很可能激化矛盾。① 因而，应当强化在劳资双方博弈过程中的基本互信，采取公开透明的原则，以确保数据采集和评估的公正性和可信度。

作为我国社会信用体系建设的重要制度安排和手段创新，失信联合惩戒制度具有提升社会诚信道德认同、控制违法违约行为和强化法律实施的社会效果。② 可以通过设立劳动者权益保障指标，对企业的用工行为进行评估并向社会公布，从而保障新业态劳动者的合法权益。当然，在建设社会信用体系时必须严格遵守相关法律法规，保护企业的合法权益，保护劳动者的隐私安全和信息安全。同时，还要加强对数据安全的保护，防止数据泄露和滥用。此外，应当建立完善相应的监管机制，及时解决社会信用体系中的问题，确保社会信用体系的运行有序、有效。

（二）法治政府层面：重视政府在新业态用工关系治理中的主导作用

法律的生命力体现在法律的适用与执行过程中，执行法律是行政机关履行政府职能、管理经济社会事务的主要方式。而且，法治政府是建设法治国家的重点。习近平总书记强调："推进全面依法治国，法治政府建设是重点任务和主体工程，对法治国家、法治社会建设具有示范带动作用，要率先突破。"③ 在新业态用工关系治理中，政府必须严格执行国家制定的与新业态用工关系相关的法律法规，做到依法行政、程序法定、权责统一、高效便民。

第一，规范行使政府权力，做好新业态用工关系治理的领路者。新业态用工关系作为一种新兴的社会关系，与传统的劳动关系存在诸多差异，政府在对其进行治理时难免会遇到不同于传统劳动关系治理的各种难点。在现代社会中，"对基本权利的保障，是国家公共利益所必须，保障人民基本权利皆可认为合乎公益之需求"，④ 以合同为主要形式所缔结形成的劳动关系，不仅有用人单位与劳动者之间合意所承载的私人利益，同时也涉及公共利益的保障与实现。用工单位违反劳动基准，不仅直接侵害了劳动者权益，而且对国家经济秩序、社会公共利益也造成了危害。⑤ 社会公共利益是高于劳资双方权益的价值，是社会法的精髓所在。⑥ 但是，这种双重利益的交织状态也是劳动者权益保障的难点所在。为避免政府简单粗暴地套用劳动法或民法"一刀切"式执法，在新业态用

---

① 丁晓东：《法律如何调整不平等关系？论倾斜保护型法的法理基础与制度框架》，《中外法学》2022年第2期。
② 门中敬：《失信联合惩戒措施的类型及行为属性》，《山东大学学报》（哲学社会科学版）2021年第6期。
③ 《习近平谈治国理政》第4卷，外文出版社，2022，第294页。
④ 陈新民：《宪法基本权利之基础理论》，（台北）元照出版有限公司，1999，第155页。
⑤ 唐开元：《论劳动权保障中的公共利益》，《社会科学家》2008年第12期。
⑥ 叶姗：《劳动权利能力的三重限制》，《环球法律评论》2013年第4期。

工关系治理中必须严格规范政府权力的行使。政府各部门应当各司其职、相互配合、相互监督，形成体系完备、程序完善的新业态用工关系管理体系。同时，政府各部门也应当敢于作为、勇于担当，通过行政立法、地方试点，在新业态用工关系治理中带头摸索，形成从中央到地方的多层级治理结构。地方政府还需要积极发挥主观能动性，灵活地、创造性地去应对新业态用工关系中产生的各类矛盾。同时与社区配合，收集新业态用工关系的一线数据，总结新业态用工关系治理的经验教训。当然，其他国家机关也需要发挥各自的作用，例如人民法院公平公正地处理涉新业态用工关系纠纷，为新业态劳动者提供维权途径；人大、检察院、监察委员会等监督政府行政权的行使等。习近平总书记在中央全面深化改革委员会第十次会议上的讲话中指出："现在要把着力点放到加强系统集成、协同高效上来，巩固和深化这些年来我们在解决体制性障碍、机制性梗阻、政策性创新方面取得的改革成果，推动各方面制度更加成熟更加定型。"① 单一国家机关主体恐难胜任新业态用工关系治理的重任。

第二，政府有关部门必须在各自的职权范围内严格监督新业态用工关系相关法律法规的实际执行情况。新业态用工关系的有关法律法规不应当流于书面形式，更重要的是付诸实施，并根据具体实践情况做出相应的调整和完善。目前，新业态用工关系治理中所有问题的缘起，都指向新业态劳动者身份性质的认定。不能简单地将新业态劳动者全部视为劳动者或非劳动者，而是应当根据实践中各类用工的内容进行个别判断。对于符合传统从属性认定标准的新业态劳动者，应当将其视为劳动法上的劳动者，要求用工单位与其签订劳动合同，建立劳动关系；对于不完全符合传统从属性认定标准的新业态劳动者，则应当按照国家相关制度，指导用工单位制定相应的规章制度，通过签订用工协议的形式明确双方的权利义务关系。

第三，加强对数字平台企业的监管。在新经济形态中，尤其是数字平台企业用工中，借助数据等信息工具对新业态劳动者进行劳动组织和管理的用工方的优势愈加明显，控制也更加隐秘。例如外卖骑手之所以在工作中感觉到"自由"，除了因为上下班时间自由以外，很大程度上就是因为对他们的管理走向了隐形化。② 因此，对平台企业的监管在新业态用工治理中必不可少，应当根据平台企业数字化经营的特点制定有针对性的数字化监管制度和数字化监管体系，保证平台企业的规范运营。例如在工作时间方面，政府可以运用数字技术手段对平台用工时间进行监督甚至干预。再如社会保障方面，政府一方面可以通过优惠政策鼓励平台企业为从业者缴纳社会保险，从政府采购、税收优惠、表彰

---

① 《习近平谈治国理政》第 3 卷，外文出版社，2020，第 179 页。
② 陈龙：《"数字控制"下的劳动秩序——外卖骑手的劳动控制研究》，《社会学研究》2020 年第 6 期。

公示等方面完善企业的社会责任激励机制[①]，另一方面对恶意逃避社会保险责任的平台企业进行处罚，从正反两个方向引导平台保障新业态劳动者权益。通过法治宣传教育等方式提高平台企业的社会责任感，引导其主动承担用工主体责任。

（三）法治社会层面：动员各种社会力量参与新业态用工关系治理

法治社会是构筑法治国家的基础。社会治理法治化是社会治理现代化的重要方面，也是法治社会建设的题中应有之义。在新业态用工关系"三位一体"的治理过程中，法治社会也是极其重要的一环。一项政策的好坏，执行力度的强弱，都需要由社会实效进行验证和反馈。作为新业态用工关系"三位一体"治理的最后一环，各种社会主体的参与显然是不可或缺的。

第一，需要积极发挥社会组织的功能。这里的"社会组织"既包括以居民委员会为代表的基层群众性自治组织，也包括以工会为主体的工人阶级群众组织。首先，居委会可以辅助政府将宏观的方针政策具体落实到每一个社区、每一个新业态劳动者身上，形成社会和政府之间的良性联动。居委会还可以向政府反馈新业态用工关系中存在的现实问题和一线数据，以便政府更好地行使权力和履行职责。同时，居委会可以为新业态用工关系的双方提供部分便利，如鼓励社区待业人员实现灵活就业等。居委会也可以积极行使监督权，监督政府政策的执行情况，及时提出切合实际情况的意见和建议。其次，工人阶级的群众组织尤其是工会的作用在新业态用工关系治理中显得尤为重要。根据《工会法》的规定，工会是党领导下的职工自愿结合的工人阶级的群众组织。依法维护职工合法权益、竭诚服务职工群众是工会的基本职责。工会有权作为职工代表与企业进行沟通，监督企业执行劳动法律法规。目前，新业态劳动者已经成为我国职工队伍的重要组成部分，为促进国家经济高水平、高质量发展做出了巨大贡献。维护新业态劳动者的合法权益是各级各地工会组织义不容辞的责任。组织新业态劳动者加入工会是工会参与新业态用工关系治理的第一步，也是党交给工会的一项重大政治任务。组织新业态劳动者加入工会是工会工作向新经济形态领域延伸的体现，也是工会吸纳和凝聚职工、维护职工队伍团结稳定的迫切需要，对拓宽工会组织的涵盖范围、强化工会与职工群众的密切联系、巩固党的阶级基础和群众基础具有重要意义。对于平台企业而言，支持和协助新业态劳动者组建、加入工会，可以通过工会更加真实、及时地了解劳动者的意愿和诉求，从而节约管理成本、及时化解用工中可能存在的矛盾，有效激发新业态劳动者的劳动积极性和创造性，为企业可持续高质

[①] 赵旭东、辛海平：《试论道德性企业社会责任的激励惩戒机制》，《法学杂志》2021年第9期。

量发展提供助力。

第二，扩大劳动集体协商制度的主体范围。新业态用工关系中，劳动者与企业的不平等关系更加隐蔽，用工单位往往通过繁杂、隐晦的格式合同规定双方之间的权利义务。由用工单位单方制定并推行的格式合同在实质上弱化了劳动者平等协商的权利，甚至是剥夺了劳动者在制定劳动条件、劳动待遇等直接关系劳动者切身权益的规则过程中的参与权和话语权。因此，全国总工会在《关于切实维护新就业形态劳动者劳动保障权益的意见》中，将集体协商作为工会维护新业态劳动者合法权益的主要工作之一。为此，2021年12月修订的《工会法》也明确规定了新业态劳动者参加和组建工会的权利，将新业态用工关系中的劳动者纳入集体协商制度保障的范畴。虽然由于我国工会力量仍较为薄弱，此种路径的实施效果还有待进一步检验和加强；[1] 但是从劳资关系的理论发展以及市场化劳动关系的演进规律来看，劳资关系调整从个别劳动关系向集体劳动关系转型是必然趋势。[2] 因此加强政府主导下的三方协商机制和用工双方的集体协商机制，在新业态用工关系治理中显得更加重要。

第三，弘扬法治精神，提高新业态用工关系双方主体的法治素养和综合能力。一方面，通过社区、工会等组织进行法治宣传，提高新业态劳动者的法律意识和综合素质。人民群众是历史的主体，是推动历史前进和社会变革的最终决定性力量。因此，新业态劳动者本身才是构建新业态劳动者权益保障法治体系的重要推动力量。社区、工会作为最接近新业态劳动者的"第一线"，应当主动承担起法治宣传的责任，增强新业态劳动者的法律意识。同时，新业态劳动者自身需要有意识地提高自身的综合素质，例如可以积极参加各种职业培训，提升竞争力，提升自身的不可替代性。更重要的是，新业态劳动者需要掌握一定的有关劳动者权益的知识，形成正确的权利观念。在面对用工单位的违法用工行为时，勇于拿起法律武器，通过合法途径捍卫自己的劳动权益。另一方面，用工单位作为新业态用工关系中的一方主体甚至是主导者，同样需要提升自身的法治素养，及时学习新业态用工相关的法律法规，增强社会责任感，尊重新业态劳动者合法权益，实现企业和员工共同成长、相互成就。只有在全社会形成尊法学法守法用法的良好氛围，新业态用工关系治理才会有良好的法治环境。新业态用工关系主体之间形成良性互动，才能促进新经济形态的高质量可持续发展。

---

[1] 汤晓莹：《论平台经济从业者面临的算法困境及其制度因应》，《兰州学刊》2023年第1期。
[2] 孙永生：《推进工会体制创新是中国劳动关系集体化转型的根本路径——与常凯教授和游正林教授商榷》，《中国劳动关系学院学报》2017年第3期。

六 结语

新业态用工关系作为传统劳动关系的补充，具有灵活性的特点，也适应了数字社会中新经济形态发展的需要。但新业态用工关系给传统的劳动关系由劳动法和民法分别调整的二元治理体系带来了一定的困难和挑战，这对新业态用工关系治理模式提出了新的要求。在现阶段我国对新业态用工关系的法律定性还不明确的情况下，新业态用工关系治理已经成为当前国家和社会治理的焦点。目前，应当坚持在党的领导下，动员政府、社会、企业和新业态劳动者共同参与，通过制定单行劳动标准和保障措施，将新就业形态劳动者特别关注、急需保护的利益纳入法律保护范围，切实有效地解决新业态劳动者在劳动条件、劳动报酬等方面的突出问题。同时，新业态用工关系治理必须坚持在法治轨道上进行，在全面推进依法治国的进程中统筹规划，将新业态用工关系治理与法治国家、法治政府、法治社会的一体建设结合起来，形成具有中国特色的新业态用工关系治理模式和治理方案，并通过新业态用工关系治理体现党和国家依法治国、依法执政和依法行政的决心和能力，推动国家治理能力体系和治理能力现代化。

Research on the Governance of New Format Employment Relations from the Perspective of the Three-sphere Integrated Plan

Li Changyong

Abstract: The emergence and development of new employment form is an inevitable result of the development of new economic forms such as platform economy and digital society, which is a useful supplement to the employment mode. However, the characteristics of flexibility, looseness, and flexibility reflected in the employment and labor management of the new business form make it difficult to regulate the employment relationship of the new business form with traditional labor laws. Governance of employment relations in new business forms should be guided by the Three-sphere Integrated Plan that integrates the country by law, administration by law, law-based governance, and the construction of a country ruled by law, government, law, and society. Incorporate the employment management of new business forms into the process of comprehensively advancing the rule of law, adhere to the thinking and means of the rule of law, and plan national policies, government actions and social responsibilities at the levels of the rule of law country, law-based government, and law-based society. About nomocracy country, it should adhere to the legislation first and strengthen the top-level design; about nomocracy government, it should play the leading role and regulate the governance behavior; nomocracy society refers that it should mobilize the wide participation of social subjects and strengthen the construction of social responsibility system.

Keywords: Employment Relations; New Format Employment; Thoughts of Rule by Law

当前我国企业科技创新及高质量发展的对策研究

蒋正明*

【摘　要】 我国的企业科技创新已由高速发展阶段进入到高质量发展阶段，科技创新是构建我国企业高质量发展的必由之路。促进我国企业科技创新，应该强化政府引导，形成政府与市场耦合机制。仅仅依靠政府主导或者完全交给市场都是我国科技创新曾经走过的弯路。为帮助企业开发新技术，抢占市场，政府的引领和扶持是无可替代的；依靠市场对新技术敏锐的嗅觉对新技术的开发也是必不可少的。政府代表国家意志，是以实现国家战略为目标的；企业的科技创新，其本质是市场行为。政府既是管理者又是参与者，要为企业提供学习新技术和科技创新的机会并承担试错的成本；政府要利用自己的职能创造制度型的市场，扶持并引领企业的科技创新能力由弱变强。在新技术起步和赶超的过程中，政府应充分发挥引领作用，并建构科学的创新治理体系，将企业的科技创新引入国际、国内双循环的大市场中，实现科技创新型企业的高质量发展。

【关键词】 科技创新；政府引领；科技创新型企业；高质量发展；创新治理体系

企业的科技创新是经济增长的动力和源泉。一直以来，我国政府就认识到科技创新对发展经济、提高整个国家综合国力的重要性，并制定了一系列政策和措施来保障和促进企业的科技创新活动。企业科技创新首先是一个经济活动，其本质是市场行为，而政府则是一种非市场力量。但是科技创新特别是基础发明和研究，不仅投资大、成本高，而且其科研成果的产出具有很大的不确定性。这些科技发明或创造属于公共产品，具有公益性，如果靠单个企业必然能力不

---

* 蒋正明，管理学博士，江苏科技大学马克思主义学院教授，主要研究方向为政治伦理、社会管理等。

够，且风险太大，也是一般企业做不到的，这就必须依靠政府的扶持。过去政府对高新企业在资金和政策方面进行的"保姆式"扶持，使得当前企业在技术创新领域对政府仍然有较强的依赖性。如何做到既能依据政府对经济的宏观把控，又能结合我国企业现状，发挥我国政府职能的制度优势，研究建立政府与市场耦合机制就显得十分迫切。本文试图在实证分析的基础上，通过考察和研究政府对于企业科技创新的引领作用，进一步探讨如何发挥我国政府在企业科技创新中的作用的问题，为当前我国企业科技创新及高质量发展提供一种思路或路径。

一 改革开放以来我国企业科技创新和发展的主要类型及其分析

改革开放以来，我国企业的科技创新和发展主要依赖供给侧方面。这方面，主要表现为以下几种类型。

（一）信贷主导型

科技型企业的发展一般都会经历研发、起步和发展阶段。改革开放初期，由于缺乏民族资本的积累，几乎所有的科技企业都遭遇资金的短板。政府为了大跨度地拉动经济发展，就以国有银行的名义给各种科技型企业发放大量贷款，甚至是通过粗暴型的摊派贷款、无息贷款等来资助和推动企业的科技创新和发明创造。实践证明，并不是有钱就能解决一切问题，企业的科技研发和技术进步，也并不是仅仅依靠资金就能实现的。在现实中，更有一些人钻政策的空子，通过虚假的公司和虚列项目，套取国家资金或无息贷款，存入银行或购买理财产品，从中赚取利息差。而对于刚刚开始创业的年轻人来说，由于缺乏经验、缺乏技术，如果仅仅依靠政府资金支持，而没有政府全方位的引领、扶持和保护，也很难满足其创业创新实践活动的持续及其目标的实现。

（二）外资主导型

改革开放初期，很多企业通过引进、消化、吸收、创新的路径，学习和模仿国外的先进技术和先进经验，这种"拿来主义"未尝不可，但现实中我们看到，在引进外资的企业中，国企由于资本雄厚，又有政府的支持和保护，往往更容易获得成功，会很快实现技术的更新换代，成为本行业的"领头羊"。但也有一些企业，出于经验不足等原因被外资乘虚而入，外资股份占了较大比例。中外合资以后，外资不断地增资扩股，而本国企业因为各种受限，国有企业受制度的限制、民族企业受资金的限制而无法增资，更重要的原因是缺乏国际经营的经验，基本上把经营权都交给外资。外资乘机通过并购等方式，使得我们的一些民族品牌甚至一些老字号企业名存实亡。现在的一些民族品牌，虽然仍然用着原来的商标，但实际上早已成为外资企业了；有些民族品牌，被外资收买以后被雪藏，积累多年的老字号品牌不少被外资吞没。也有一些民族企业在国际竞争中胜出，比如百雀羚、华为、海尔等，在企业收购、兼并等方面脱颖而出，但实在是凤毛麟角。

(三) 民资主导型

不论是外资还是内资，资本的目的都是追求利润。改革开放40多年来，民族资本也逐步兴起并走上社会经济舞台。在民族资本的运作下，我国的金融资本发展速度很快，虚拟经济成为金融创新的主要形式。金融资本的助推力的确对新兴行业的发展起着较大的促进作用，但它的负面作用也是非常明显的。比如金融资本对实体经济的打击，更重要的是破坏了原有经济秩序，一定程度上造成勤劳不能致富的不合理现象。所以，近年来政府对虚拟经济的无限扩张实施管控政策，所谓的金融创新只能作为经济发展的一种补充，而绝不能成为引领社会经济发展的主流模式。但是民族资本也有其不可比拟的优越性，比如民族资本对市场敏锐的嗅觉，对经济运行的规律有更准确的预判，等等。不可否认，民族资本对我国新兴产业的发展做出了巨大的贡献。对于民族资本要引导，让民族资本成为社会主义公有制的一个重要的补充形式。

(四) 政府主导型

政府主导型是近些年来为不少专家学者所注重并不断深入探索的一种方式。这并不是一种新形式，早在计划经济时期，我国的经济发展模式主要就是依赖政府主导。计划经济时代，所有的工作都是由政府以计划的形式下达给各级组织或各类企业。计划经济体制下科技创新的模式只能是政府主导，政府既是管理者又是科技创新的发起者，也是直接参与者。一般来说，基础研究由政府选定或安排高校和科研机构来完成，高校和科研机构的成果由政府按计划选择企业进行生产，生产的产品最终由政府通过计划进行分配、销售或利用。这种科技发展模式曾经产生过积极的作用。新中国成立初期，我们举全国之力集中力量办大事，许多重大技术创新项目就是在政府的主持下集中力量完成的。这种方式的优点是能有计划地对各种资源进行合理配置，也可以集聚全国或全社会的力量来完成重大关键项目的技术攻关。如我国航空航天科技的发展、"两弹一星"的研制等，人工合成胰岛素和青蒿素的发现也都是那个时期的产物。

纵观我国企业科技创新及其发展走过的历程，可以发现，信贷主导型是走不通的。国有银行也已改制成企业，而企业经营的目的是追求利润。不能把其他企业科技创新或技术革新的前期投入和试错成本都交由银行来承担。过去那种粗放型贷款积累下很多问题,曾经给国有银行造成极大的困扰和经营困难,国家成立国资委把这些坏账剥离,让国有银行改制,才使其起死回生。但其间也造成了大量国有资产流失,大量的呆账、坏账至今无法收回。

外资主导型也走过很多弯路。在改革开放吸引外资的过程中,外资的投入的确对我国相关企业的技术换代、产品更迭起过重要作用。但由于我们经验不足,民族品牌也付出了不少代价。在最初的中外合资企业中,由于盲目地信任甚至崇拜外资的技术和管理,逐步把自己企业的主导权、经营管理权拱手让给外资。起初,政府引进外资的政策,要求国内资本必须控股,股权占到51%以上,然而在经营过程中,其控股权却慢慢流失了。合资企业的技术大多数引自国外或者就是外资带进来的,外资通过不断增资扩股,国内资本就慢慢丢失了经营的主导权,最后的结果就是自己的股权和品牌被外资收购,一些老字号的民族品牌逐步衰落。

综上所述,只有由政府主导,实现政府与民族资本的耦合,才是当前构建我国企业科技创新发展格局的唯一出路。与民营企业相比,国企凭借着资源优势和资本优势,愿意也能够承担科技创新的投入,大型国企也更容易得到国家政策扶持,因而对国家战略会积极响应。民族资本或民营企业也有自己的优势,比如规模较小、决策灵活、竞争意识较强,在创新决策中反应快,有超前意识,有时候也会达到较好的效果。所以,回归政府主导、结合民族资本,绝不是回到计划经济的老路上去,而是在改革开放的新发展格局中,由政府带领企业参与国际竞争,其目的不仅仅是实现一个企业的成功,而且是实现整个民族经济的腾飞。

二 我国企业科技创新的经验和教训

改革开放以来,我国企业的科技创新和发展,首先是通过技术改造、技术引进等实现的。政府对企业科技创新与发展的促进和支持,其重点也是技术改造和技术引进。发展到现在,一批高科技产业在生产和技术上已经逐步与国际接轨,并带动其他行业向高端领域发展,创造了改革开放以来40多年高速发展的奇迹。但在新技术发展和技术赶超过程中,绝大多数企业都未能实现自主知识产权。随着我国企业整体素质的提高,特别是当遭遇到美西方对我们的技术封锁时,我们已经认识到拥有核心技术对企业生存和发展的重要性。比如说发动机、芯片等产业,在遭遇了发展的瓶颈后,迫切需要企业具有自主知识产权的新技术来填补企业技术的缺口。当前,只有通过构建新的发展格局,才能推动企业进一步的科技创新和高质量发展。

（一）中国高铁成功的经验

企业技术创新赶超较快并实现自主知识产权比较成功的例子，当属中国高铁。中国高铁在较短的时间里实现了技术超越，并形成了全系统链的自主知识产权。我国高铁的成功是国家战略的成功。政府通过一系列的政策措施，对企业技术创新形成了很大的推动力。为了助推高铁技术的跨越式发展，国务院专门设立了技术车辆专业委员会，铁道部也成立了动车组项目联合办公室。在铁道部的统一协调下，中国高铁学习了世界各国的先进技术，在技术引进和吸收的同时加以综合。正是通过对各国的先进技术的兼收并蓄，以及各技术环节的兼容包容，才使中国高铁企业具备了较强的系统整合能力，并很快完成和实现了本土化创新。[①]

当今，中国高铁产品不仅成为我国经济的支柱产业，而且还出口到多个国家，成为实现出口创汇的龙头企业。高铁不仅带动了相关产业的技术进步，实现了共同发展，而且其沿线兴起了一条条经济带，进一步带动和加速了产业、人口及各类生产要素的合理流动与产业群集聚。

总结我国高铁成功的经验，主要有以下几个方面。一是政府引导，做好顶层设计是我国高铁成功的关键。在国家确定发展高铁产业之前，政府就明确了"引进、消化、吸收和再创造"的技术路线，着重培育自主品牌。事实上，当时我国的很多产业走的也是这样的技术路线，但只有高铁获得了比较全面的成功并实现了跨越式发展。二是国家利益高于企业利益的国家精神，铸就了中国高铁的领先地位。在高铁发展的历程中，能够始终坚持自己的品牌是非常艰难的，特别是在涉及某些关键技术转让与外企谈判的过程中，起初受到国外企业的抵制，但是我们据理力争，最终获得成功。正是因为有这样百折不挠的精神，中国高铁才能够在技术创新方面不断进步，不断突破，逐步拥有了自己的核心技术和自主品牌。三是坚持中国技术、中国标准和自主品牌，坚持全产业链思维。在高铁生产链的每一个环节和每一项技术的创新、发展和完善过程中，相关技术人员都亲力亲为，在原有技术的基础上攻坚克难，逐个突破，最终形成了完整的中国标准动车组技术链，基本实现了全产业链的自主知识产权。[②]

（二）万燕失败的教训

合肥万燕公司是制造出世界第一台VCD的科技型企业，其消费电子产品是当时我国唯一领先世界的科技成果，也因此成为中国乃至全球VCD的鼻祖，但

[①] 贺正：《推进中国先进轨道交通全产业链的国际化发展》，《湖南社会科学》2019年第2期。
[②] 贺俊等：《技术赶超的激励结构与能力积累：中国高铁经验及其政策启示》，《管理世界》2018年第10期。

最后却被模仿者打败,最终消失在历史的长河中。总结其失败的原因主要有以下几个方面。一是没有申请专利,被模仿者抢占市场。这是万燕最大的失误,教训惨痛。当时的 VCD 只是将各种机件物理组装在一起,很容易被模仿者破解。机器的关键部件,如激光头和机芯,仍需从国外进口。万燕投入巨资研发出来的第一批 VCD,几乎都是被国内外的模仿者买去做样机的,对此万燕的研发者只能痛心疾首、无可奈何。二是万燕的产品成本高、价格高、没有量产,造成其产品无法与模仿企业竞争。企业的音像合成这一创意与相应技术,是后来的 DVD、U 盘等制造与发明都必须应用到的,但因万燕没有申请专利保护,连专利费用都收不到。再后来的国外模仿者如索尼、东芝等品牌,用了万燕的技术叠加成 DVD 专利并迅速占领中国市场。这些产品将 DVD 技术浓缩在芯片中,并申请了专利,我们无法破解和模仿,且我们用它们的芯片就要向其缴纳专利费。由此,万燕原本领先世界的 VCD 迅速被 DVD 所取代。就在 VCD 发明的第三年,行业巨擘万燕公司因资金链断裂,被其他公司并购,至此万燕黯然落幕。[①]

  高铁成功的经验和万燕失败的教训,表明了国家战略布局和政府主导企业运营的重要意义。社会主义市场经济的制度优势,就体现在政府在扶持科技创新企业时,以国家发展战略为重,政府的技术保护期对创新企业的发展具有保驾护航的作用,最终形成的不仅仅是技术的超越,而且是产业的超越。只有政府主导才能发挥产、学、研相结合的优势,才能实现全产业链的"一条龙"运行。只有依赖国家和政府才能保证资金和市场,才能实现其关键技术和整体技术的总体突破。目前我国的高铁技术已经领先世界水平,其整体设计和关键技术基本全部实现自主研发,具有完全自主知识产权。在今后的进一步发展过程中,中国铁路还将集中力量,攻克一系列的关键核心技术难题,不断巩固和扩大我国高铁领跑的优势。[②] 万燕虽然是自有技术,但企业对自我知识产权保护不力,后续研发资金不足,又无力开发新市场,当发现问题时,其技术已经被其他企业所赶超,当要回过头来追赶时,已经力不从心,为时已晚。

  这些经验和教训给其他科技创新企业的发展提供了一个可供参照的模板。如何复制中国高铁的成功,避免类似万燕的失败?特别是在目前的国际环境中,如何突破国外的技术封锁,是我国科技创新型企业面临的重大现实问题。为此,必须加大政府支持、扶持力度,强化政府引导,加强企业自主研发,不断地实现技术的自我突破,而不能故步自封,停滞不前。

[①] 若雨:《万燕折翼》,《国企管理》2020 年第 23 期。
[②] 孟捷、张梓彬:《建构性市场、政府内竞争与中国高铁的自主创新》,《经济学动态》2023 年第 4 期。

三 当前我国企业科技创新及发展存在的问题与应对

有学者认为，科技创新活动受制于两个方面，一方面是资金，另一方面是成本。其中一种观点认为，科技研发活动需要持续的资金支持，因此拥有资金优势的规模企业具有更强的创新能力。[①] 另一种观点认为，规模小的企业所需要的研发成本较少，所以小规模企业也可能具有更强的创新优势。从这两个方面来说，在社会主义市场经济条件下，政府对于科技创新的投入具有公益性，企业受资金和成本的限制较小，最能体现政府作为市场经济的主体的优势，即制度优势。在政府主导下，可以实现科学决策、最优决策，以实现最大效益。

但目前来说，我国的科技创新、科技发展与产业布局，在体制机制方面仍然存在一定的弊端，问题主要表现在以下几个方面。一是技术研发与企业产业发展要求不匹配。我国的研究开发机构主要是依托高校或科研院所，各研发机构大多是按专业设置的，而企业是以产品和市场为目标的。科研人员所能提供的只是技术成果或新的发明，而不一定是企业所需要的具有市场前景的新产品。尽管科研机构研发产出不少，但绝大部分是单一的技术，并不能直接进入市场，只有把单一的技术整合到产品中，其技术创新或发明才有实用性的价值。由于绝大部分科研机构分属于不同部门，且大多各自为政，而科研机构或部门各自独立，是不能高效地提供以产品为中心的综合技术的。科技成果与产业发展不匹配是我国科技成果转化率低的重要原因。[②] 二是企业科研资金投入不足导致创新能力欠缺。政府往往对远离生产一线的各类科研部门或研发机构投入较大，对一线企业的研发投入往往不够重视，而大多数企业自主研发的能力又非常有限。据《中国工业发展研究报告》的调查，企业科技研发经费投入占全部科技研发经费投入的比重，我国远远低于如美国、韩国等国家。虽然政府一直倡导和强调"产学研结合"，但由于具体措施不到位，企业作为科研创新主体的身份远远没有建立起来。三是我国科技成果转化的中间环节不畅。科研投入结构不合理，对科技成果的认定往往停留在研发的第一阶段，有时尚未形成产品就已经作出成果认定，导致科研成果到成品严重脱节。表面上看科研成果不少，但绝大多数成果往往只是停留在纸面上。由于已经通过了成果鉴定，研发人员的目的已经达成，所以科研成果能否变现已经不是研发人员重视的问题了。一项新技术从理论层面真正转化为生产力不是一个简单的过程，其间可能需要付出巨大的代价，甚至遭遇多次失败。对于有些科研机构或研究人员来说，既然

---

① 傅家冀等：《技术创新学》，清华大学出版社，1998，第1页。
② 吕薇等：《转型期我国创新发展的现状、问题及政策建议》，《中国软科学》2018年第3期。

其成果已经通过鉴定,那谁还愿意继续付出吃力不讨好的代价呢?在现行科研体制下,各级各类科研机构相互分割,缺乏整体性,既不能发挥整体优势,还可能存在重复研究的现象。

面对上述问题,我们亟须整合、构建科学完善的政府帮扶制度。目前,应主要做好以下几个方面的工作。

第一,建立科学的国家战略规划和制度体系,正确把握和引领科技发展的方向。政府不仅需要对科研机构定向招标,还需要定向地给予高科技企业资金和资源的支持,更需要通过科学的战略规划和制度体系,对企业的科技创新加以鼓励和引导。对于科技创新型企业来说,其起步阶段普遍存在资金紧缺、技术落后、人才匮乏等不利因素。而政府则具有资金、人才、市场等优势,因而政府可以发挥人才的集聚效应,组织不同行业的专家对产品的综合性能进行技术会诊,通过专家的论证和评估,实现最优选择。相关专家在测评或鉴定科研成果及技术创新项目时应该确立责任制,确保每个项目达到预期的结果。为此,必须建立科学完善的制度体系和监督体系,充分发挥政府的主导和引领作用,避免权力寻租和相关环节腐败现象的发生。

第二,加大政府支持力度,优化资源配置,合理规划和调整产业布局。不同的产业在不同的发展阶段需要有不同的资源。政府有其资源优势和人才优势,要善于引导和帮助企业实现完整的技术和人才的对接与耦合。一般说来,初创企业很难具备雄厚的人才储备、资金储备和基础储备,所以技术创新型企业在发展之初往往都迫切需要政府的支持。政府的重要职能之一就体现在部门间的政策和利益协调,调动有效的资源,优化发展路径,促进协同创新。政府应具有战略眼光,不盲目追求绩效,在协同创新的各个环节适时地扮演管理者的角色,充分发挥政府的资源优势。在实践当中,政府应做好跟踪监督,及时发现产业发展过程中出现的各种问题,及时调整产业布局,营造良好的创新环境,为新技术、新产品、新业态进入市场拓宽通道,提供良好的创新服务平台。①

第三,政府可以扮演科技创新企业的试验性用户。政府对企业科技创新的帮扶,其中重要的一项内容是为创新企业提供试错的机会和技术迭代的时间。企业以时间换技术,政府以资金和市场来支持。企业的科技创新是否能最终获得成功,与新技术的更新迭代密切相关。企业的初创产品如果不能及时打开市场,不能形成资金流,该企业可能很快就会被淘汰。而如果能够得到政府有力的支持,"扶上马送一程",为创新企业创造出一个市场,比如对其创新产品统购统销,给企业科技创新和技术发明提供发展的时间和空间,直至

---

① 甄志宏等:《"举国体制"与中国产业政策的转向》,《文化纵横》2012年第8期。

新技术替代,实现自主研发,就可能使创新企业逐步发展壮大,并实现自有知识产权。经验证明,科技创新型企业如果没有政府及其资本的扶持,很难最终获得成功。这方面我们有很多成功的经验,也有很多失败的教训。比如前面所说的中国高铁。中国高铁的成功,一个决定性的因素就是借助了铁道部这个庞大的市场和试验田,借助了雄厚的国有资本的支持。在此基础上引进国际的先进技术,联结国际的先进企业,在技术方面逐步实现了与国际接轨乃至超越国际水平,在较短的时间里形成自己的技术优势,成为引导科技创新和技术进步的风向标。这一切,如果没有政府提供的政策支持包括试错成本是不可能实现的。

四 构建科学的创新治理体系,实现科技创新型企业的高质量发展

企业的科技创新活动表面上是经济现象,受益人是企业,但从更深层次来说,引领全产业链技术进步的最终受益人是国家和人民。政府应该建立相关制度,保证其研发或通过测试鉴定的新发明新技术能够处于本行业的前沿,不但保证其经济效益,而且保证其社会效益。唯有政府主导型更能正确把握科技发展的方向。正如我们前面所说明的,市场往往只从经济效益出发,不能完全实现政府的宏观目标,也不能指望它们建立政府所期望的经济发展格局。因此,我们需要构建政府与市场的耦合机制,把政府资源和市场结合起来,在政府的引领、指导和监管下,克制资本唯利是图的经济目的,保证其为全体人民服务的方向。只有政府主导,才能站在人民的立场,从人民大众的利益出发寻找新的经济增长点。通过构建科学的创新治理体系,建立政府与市场的耦合机制,可以有效地促进企业的科技创新,加速市场化的进程,实现企业的高质量发展。

(一) 加强顶层设计

党的二十大报告指出:"我们以巨大的政治勇气全面深化改革,打响改革攻坚战,加强改革顶层设计。"[①] 要"深入推进改革创新,坚定不移扩大开放,着力破解深层次体制机制障碍,不断彰显中国特色社会主义制度优势,不断增强社会主义现代化建设的动力和活力,把我国制度优势更好转化为国家治理效能"[②]。国家战略规划要着眼长远,就经济和产业发展来说,首先要根据国家层

[①] 习近平:《高举中国特色社会主义伟大旗帜 为全面建设社会主义现代化国家而团结奋斗——在中国共产党第二十次全国代表大会上的报告》,人民出版社,2022,第9页。
[②] 习近平:《高举中国特色社会主义伟大旗帜 为全面建设社会主义现代化国家而团结奋斗——在中国共产党第二十次全国代表大会上的报告》,人民出版社,2022,第27页。

面的发展要求制定产业发展规划，兼顾行业的分布和平衡，防止出现对某些过热行业过度投资或重复投资而产生的产能过剩现象。因为我们的市场是一个全国性的大市场，我们的经济发展也应该是全国"一盘棋"，所以国家的产业规划必须重视和加强顶层设计，充分考虑到横向的一体化和纵向的整体化问题，力求实现各行业各区域协调发展。

（二）充分发挥政府职能

政府要立足国家发展战略，根据国家层面制定的产业发展规划，加强对企业科技创新的规划指导。一般来说，行业规划是产业竞争的制高点，也是发达国家常用的政策工具。政府应该组织相关专家建设相关技术标准体系，监测产品的可靠性、安全性，整合企业、运营商、高校及科研机构，推动产学研相结合，建立合格评定制度并与产业政策相衔接。发挥政府职能还在于通过跟踪监管，实现长期规划，直至实现战略飞跃。同时，政府要为企业新产品创造市场机会，为企业的新发明、新产品、新技术承担试错成本。绝大多数的新发明、新产品都是在生产实践和技术迭代的过程中不断改进的，这些新发明、新产品在其发展初期，技术往往不成熟，难以立刻受到市场的青睐，缺少甚至不具备市场竞争优势，需要在政府的帮助下打开市场的缺口。这时政府所起的作用就是不可或缺的，甚至是不可替代的。

（三）加强政府财政的支持

政府应通过每年的财政拨款等方式，对企业的科技创新和产品研发活动提供财力支持。一是对高新技术产业和科技创新项目的财政支持，可以提高和增强企业的科技研发实力。比如可以设立政府创新资金、大学生创业补贴、科技企业贴息贷款等；还可以用政府提供的资金吸引和培养人才，或委派技术骨干国内进修和国外进修，对"瓶颈"技术有针对性地补短板；政府的科技规划和管理部门还可以通过立项招标的方式，组织科研人员进行技术攻关，政府牵头实现技术整合，消除技术壁垒，实现合作共赢。二是要通过对科技创新企业的税收减免优惠，降低企业科技研发和创新成本，进而提高市场竞争能力。三是政府在为企业科技创新提供强有力的保障和资金支持的同时，要在实践中不断优化和完善各种扶持和资助政策。四是政府要鼓励科技成果的转化和运用，为科技成果的转化和科技产品的生产推广提供资金的支持。总之，政府要通过财政扶持、税收减免等政策措施，支持企业的科技研发和自主创新，为企业的科技创新和高质量发展保驾护航。

（四）通过政府搭建的创新平台，培育科技创新企业开放性的创新能力

党的二十大报告指出，要"完善党中央对科技工作统一领导的体制，健全新型举国体制，优化配置创新资源，提升国家创新体系整体效能。深化科技体制改革，深化科技评价改革，加大多元化科技投入，加强知识产权法治保障，形成支持全面创新的基础制度"。[①] 一是政府要为科技创新型企业的国际合作牵线搭桥，提供交流平台；要积极构建全球化的创新系统，聚焦全球一流创新技术，打造国际联合研发基地。比如通过共建科技园区、数据共享平台等，加强科技创新企业实质性的国际科技交流与合作。二是政府要整合产、学、研资源，使企业与高校和科研机构进行广泛合作，优化生产配置，充分发挥高校和各类科研院所在科学研究和技术创新中的重要作用；同时，行业龙头企业在科技创新和技术开发中，更是要发挥示范效应和集聚效应，政府也要出台相关政策，在法律上充分保护技术转让，保护自主知识产权。三是要建设科研对接实体经济的创业服务体系，打造科技与经济社会发展之间的通道，培育和引进一批服务专业化、运作法制化的科技成果运营机构，搭建科技成果快速转化的桥梁。

（五）培养科技创新型企业核心竞争力

党的二十大报告提出："深化国资国企改革，加快国有经济布局优化和结构调整，推动国有资本和国有企业做强做优做大，提升企业核心竞争力。"[②] 政府应鼓励和支持企业吸收和引进先进技术，自主研发拳头产品，创建自主品牌，形成知识产权，从源头上打造企业的核心竞争力。企业核心竞争力不是分散的技术或技能，而是企业技术及产品与市场的有机结合。在国际竞争的大环境下，政府要努力培养我国企业的科技创新能力，鼓励企业发展新技术，扩大市场份额，并积极抢占国外高端项目市场，使其形成竞争优势。同时要通过一定的政策措施，保护国内弱小企业技术创新的成长和生存空间。只有政府有能力成为资源有效配置的协调者和市场竞争的裁决者，因此，建立由政府主导的企业科技创新和高质量发展的新格局，对提升企业的核心竞争力，实现科技创新型企业的高质量发展意义重大。

[①] 习近平：《高举中国特色社会主义伟大旗帜 为全面建设社会主义现代化国家而团结奋斗——在中国共产党第二十次全国代表大会上的报告》，人民出版社，2022，第35页。

[②] 习近平：《高举中国特色社会主义伟大旗帜 为全面建设社会主义现代化国家而团结奋斗——在中国共产党第二十次全国代表大会上的报告》，人民出版社，2022，第29页。

（六）开拓新兴市场

市场是经济的导向，市场规模越大，数据资源越丰富，其创新成本越低。我国有着超大规模市场优势和完备的产业结构体系，市场的需求会促进新技术新产品的开发。随着数字化、智能化、网络化技术的迅猛发展，对于企业的科技创新来说，不仅扩展和提高了获取新的科技信息的渠道和效率，降低了相关成本，也提供了更多可资利用的资源。政府要鼓励、支持、协调和引导各类企业打造科技、产业、金融紧密融合的创新机制，加快数字基础设施建设，建立高效有序的数据共享和数据服务体系，推动数据资源高效利用，由此不断拓展发展空间，开拓新兴市场。同时，随着改革开放的不断推进，对于科技创新型企业来说，迈出国门，走国际化之路，也是企业实现科技创新和高质量发展的必由之路。在国际化、数字化的大背景下，政府要从国家战略方面引导科技创新型企业加强国际合作，积极拓展海外市场，不断开拓新兴市场，最终实现企业的跨越式高质量发展。

Research on Countermeasures of Technological Innovation and High Quality Development of Chinese Enterprises at Present

Jiang Zhengming

Abstract: When it comes to scientific and technological innovation, China's enterprises have entered the stage of high-quality development from the high-speed development, and the scientific and technological innovation is the way to enhance the high-quality development of Chinese enterprises. To promote scientific and technological innovation of Chinese enterprises, it is necessary to strengthen government guidance and form a coupling mechanism between government and market. Our scientific and technological innovation has gone through the detours in relying on the government only or completely depending on the market. In order to help enterprises develop new technologies and take up the market, the government's guidance and support are irreplaceable. Relying on the market's keen sense of new technology is essential to the development of new technologies. The government represents the will of the nation and aims to realize the national strategy while the essence of technological innovation of enterprises is market behavior. The government is both a manager and a participant, providing enterprises with opportunities to learn new technologies and technological innovation and bearing the cost of errors. The government should make use of its functions to create an institutional market, support and lead the technological innovation ability of enterprises which develop from weakness to strength. In the process of starting and catching up with new technologies, the government should give full play to its leading role, and construct a scientific innovation governance system, so as to introduce the technological innovation of enterprises into the large market of international and domestic double cycles, and make true the high-quality development of scientific and technological innovative enterprises.

Keywords: Scientific and Technological Innovation; Government Guidance; Enterprises with Scientific and Technological Innovations; High Quality Development; Innovative Governance System

上海依托海派文化创新社会治理、发展法治文化的策略探讨[*]

王荣亮[**]

【摘　要】 良好的社会治理是人民美好生活的重要组成部分，随着新时代中国社会治理现代化稳步向前推进，社会治理体系将进一步完善。在建设法治中国进程中，上海通过发掘海派文化资源，在依法创新社会治理、建设法治文化方面走在了全国前列，经过探索实践逐渐摸索出一条成熟的法治化道路。上海提出要在2035年建成卓越的全球城市，这亟须构建具有世界影响力的城市功能，孕育独具地域特色、内涵丰富的城市文化。海派文化正是体现上海作为世界一线城市卓越性的文化特质。法治文化是社会治理的法治之源，上海社会各界应加强社会主义法治文化体系建设，发挥其对推动新时代法治建设的引导性作用。"海纳百川，兼容并蓄"的海派文化体现在法治文化的方方面面，就是尊重多元化个性，兼顾个人和社会利益，以契约精神主导社会治理，推进社会治理走上法治化道路。

【关键词】 海派文化；社会治理；法治文化

引　言

党的二十大提出要"健全共建共治共享的社会治理制度，提升社会治理效能"[①]。习近平总书记指出："中国特色社会主义法治道路，是社会主义法治建

---

[*] 本文系江苏省教育系统党建课题研究一般项目"立德树人视域下江苏高校'四史'学习教育成效提升研究"（项目编号：2021JSJYDJ02151）的阶段性成果。

[**] 王荣亮，历史学博士，扬州工业职业技术学院讲师，主要从事区域社会治理研究。

[①] 习近平：《高举中国特色社会主义伟大旗帜　为全面建设社会主义现代化国家而团结奋斗——在中国共产党第二十次全国代表大会上的报告》，人民出版社，2022，第54页。

设成就和经验的集中体现,是建设社会主义法治国家的唯一正确道路。"① 因此,党和国家推进社会主义法治文化建设首先要加大全民普法力度,其次应在全社会范围内尊崇宪法权威,树立起法律至上、公平正义、法律面前人人平等等一系列法治理念,从根本上健全中国特色社会主义法治文化体系。社会主义法治文化是中国特色社会主义文化的重要组成部分,是推进全面依法治国的精神力量。国家治理主要体现在社会治理方面,社会治理创新与法治文化建设相辅相成、缺一不可。习近平法治思想是在坚持运用历史唯物主义和辩证唯物主义的世界观和方法论的基础上,从中华优秀传统文化的深厚底蕴出发,观察法治历史变迁,开创了新时代法治文化建设新的道路。新形势下,我们应坚持大历史观,努力把社会主义法治文化放到全面复兴中华优秀传统文化的历史进程中来认识把握,深刻领悟其中蕴含的法治智慧,把握其深厚的历史底蕴。习近平在上海工作期间,针对当时上海在社会治理方面面临的现实挑战,坚持先行先试,率先就市域层面社会主义法治建设的战略布局进行探索,积极推进"法治上海"建设,就法治文化建设的重要意义、重大原则和基本路径等作出了重要论述,推动上海走在了社会主义法治建设的前列,为社会主义法治文化的形成发展奠定了重要社会基础。

一 新时代社会治理中出现的新特征

世界上任何一个主权国家都有权根据本国历史传承、文化传统和经济社会发展水平选择适合自己的治理体系。社会治理是一项复杂的系统工程,涉及社会生活的方方面面,影响着人民群众的安居乐业和社会安宁。中国当代国家治理体系是在经过长期繁衍生息、文化积淀和社会发展的基础上,不断渐进式改进、内生性演化的结果,具有一定的历史传承性。由此可见,中国特色社会主义法治文化是创新社会治理的重要保障。进入新时代以后,社会治理更是强调"共建、共治、共享",追求社会公平正义,允许人民群众广泛主动地参与社会治理,努力提高全社会法治化水平。

(一) 社会治理开放化,治理主体多元化

社会治理的基本逻辑是共建、共享、合作、协同,从政府负责到政府主导的转变是推进社会治理现代化的必然选择。上海先前推行的区域化党建、公益招投标等都已显现出社会治理的开放化特征。在互联网时代,社会治理更是强调跨界思维和跨界合作。党委领导、政府负责、社会协同和群众参与的要求决

---

① 《习近平关于全面依法治国论述摘编》,中央文献出版社,2015,第24页。

定了社会治理主体的多元化和形式的多样化,其中党委领导是核心要义,政府负责是关键所在,社会协同是重要支撑,群众参与是实践基础。

党的二十大提出:"强化社会治安整体防控,推进扫黑除恶常态化,依法严惩群众反映强烈的各类违法犯罪活动。发展壮大群防群治力量,营造见义勇为社会氛围,建设人人有责、人人尽责、人人享有的社会治理共同体。"[①] 早在2019年,中央政法工作会议明确指出:推进实施社会治理现代化,努力把人民群众满意度作为创新社会治理的目标。社会治理的主要目标是让人民群众获得的公共服务范围不断扩大,让人民群众成为社会治理的最广泛参与者。上海在创新基层治理方面已进行了卓有成效的探索,一方面,注重发掘法治文化的深刻精髓和时代价值,将加强和创新社会治理置于市、区两级党委和政府重要议事日程,作为党政领导班子和干部绩效制度化考核重要指标;另一方面,上海强化党委政府集中统一领导、社会各界积极参与,激发其他社会主体参与治理的积极性和能动性,形塑党委统一领导、政府具体负责、社会多方协同、群众深度参与和法治有力保障的"一核多元、群防群治、协同共治"的治理新格局。此外,创新社会治理的关键在人的因素,在于抓好关键少数这一环。上海市通过将党政干部考察由机关延伸至基层社区,广泛听取群众意见,从注重工作实绩到参考生活品德,督促党政干部遵守社会公德、恪守家庭美德和个人品德,构建德法并重的社会治理模式,彰显法治文化在社会治理中的重要作用。

(二) 治理依据更加科学,社会保障日益法治化

在社会治理中,治理主体与客体始终存在辩证统一关系。政府机关、非政府组织和社会公众在参与社会治理时,政府机关一般处于主导地位,为保证治理效能的实现,政府机关应对非政府组织和社会公众进行科学分工,政府机关一般是治理主体,非政府组织和社会公众则成为治理客体;非政府组织和社会公众应对政府机关进行有效监督,政府机关此时则成为治理客体,非政府组织和社会公众则转变为社会治理主体。由此可见,社会治理就是治理主体、客体解决社会矛盾时表达沟通诚意、逐渐走向统一的协商过程,也是一个法治化过程。全社会应树立依法治理理念,加强社会治理中的立法执法,推动社会治理走向法治化轨道。

法治化是实现社会治理现代化的重要标志,党委领导、政府负责、社会协同和群众参与都应纳入社会治理全过程。为促进社会治理体系现代化,国家和社会应做到依法治理、依法协同、依法参与。近年来,上海充分挖掘海派文化

---

① 习近平:《高举中国特色社会主义伟大旗帜 为全面建设社会主义现代化国家而团结奋斗——在中国共产党第二十次全国代表大会上的报告》,人民出版社,2022,第54页。

的人文内涵，不断丰富社会主义法治文化体系，弘扬中华传统美德、凝聚社会各方正能量，积累了独特的治理经验。

（三）治理方式更加民主化，共享与共治进一步加强

党的二十大提出："健全基层党组织领导的基层群众自治机制，加强基层组织建设，完善基层直接民主制度体系和工作体系，增强城乡社区群众自我管理、自我服务、自我教育、自我监督的实效。"① 这一新的提法为推动治理成果共享、丰富创新治理方式、实现治理效能提升提供了广阔空间。新时代，社会治理应注重联动融合、实施开放共治。为推进社会治理体系创新，上海市委、市政府应科学梳理社会各部门所承担的治理职能，发掘海派文化的深刻内涵，运用社会道德、契约精神和理性思维等因素加强顶层设计，完善责任清单制度，构建起社会治理大格局。上海应发掘海派文化精髓，打造独具地域特色的法治文化，通过民主协商和社会共治来探寻社会各主体之间的利益平衡，努力形成社会治理的一致共识，形成治理的有效合力，达到最佳效果。

二 上海在加强社会治理、推进法治文化建设中面临的新挑战

习近平总书记强调："法治是人类文明的重要成果之一，法治的精髓和要旨对于各国国家治理和社会治理具有普遍意义。"② 推进社会治理法制化要求我们兼具宽广的国际视野，深刻把握人类命运共同体和法治文明的发展大势，汲取世界上法治文明的有益成果，把传承弘扬中华优秀传统法律文化与吸收借鉴人类法治文明的优秀成果内在地结合起来，打造中国特色的法治文化。经过长期历史积淀，海派文化已内化于上海城市精神，成为城市品格的重要外在体现。随着上海加快推进建设国际化大都市的步伐，城市治理中的原有争议逐渐失去了存在发展的社会语境。在百年未有之大变局的时代背景下，海派文化正以其与时俱进的开放性品格，与法治文化相互交融，在与国际文化交流中绽放异彩，为上海全面创新社会治理、推进城市治理提供了文化支撑。

（一）社会变革为创新社会治理和法治文化提出新课题

经过百年探索，中国共产党领导全国各族人民成功探索出了一条中国式现代化道路，开辟出了中国特色社会主义法治道路，孕育出了独具特色的社会主

---

① 习近平：《高举中国特色社会主义伟大旗帜　为全面建设社会主义现代化国家而团结奋斗——在中国共产党第二十次全国代表大会上的报告》，人民出版社，2022，第39页。
② 《习近平谈治国理政》第2卷，外文出版社，2017，第118页。

义法治文化。上海作为全国最大的工商业城市,在新中国成立后尤其是改革开放后一直沿着中国特色社会主义法治道路前进,法治文明不断得到丰富发展,为人类法治文明发展进步贡献了上海智慧和上海方案。改革开放以来,海派文化的包容性为中国特色社会主义制度和法治文化的建设发展提供了有力支撑,社会治理的深刻内涵也为多元文化形态的繁荣共生提供了价值指引,彰显了海派文化的精神活力和时代价值。上海要建成卓越的全球城市和社会主义国际文化大都市,在当前文化保守主义盛行的国际形势下,海派文化包容共生的价值取向将遇到很大阻力。

换言之,党和国家要想推动"平安中国"目标的实现,需要加强和创新社会治理机制,维护社会和谐稳定,确保国家长治久安、人民安居乐业。近年来,我国社会阶层结构和利益格局日趋复杂,社会财富和收入差距日渐扩大……这些变化对创新社会治理提出了新的挑战。当前,上海经历了外来人口多、各种思想文化错综交汇、经济社会活动频度高等方面的深刻调整,取得了极具参考价值的治理经验,接下来上海将进一步完善共建共治共享社会治理格局,努力使上海法治环境建设走在全国前列。

(二)社会需求为创新社会治理和法治文化发展创造新需求

自开埠以后,上海就一直是中国观察和了解世界的重要窗口,中西文化最先在此碰撞交融,许多新的思想和文化从这里孕育产生,然后再向全国传播。改革开放40多年以来,上海形成了与国际大都市相适应的思想观念和文化氛围,在多元融合的基础上逐步形成了社会主义法治文明成果。改革开放把上海推向"距离世界最近的地方",中国同世界共享机遇、共谋发展的阳光大道。浦东开发后,"走开放路"铸就了海派文化的博大胸怀。上海正以高水平改革开放为目标,努力打造社会主义现代化建设引领区,更深层次地推进全方位高水平开放,更好地向世界展示中国理念,这对社会治理和法治文化发展提出了新的要求。目前,基层治理已成为社会治理的重点,上海亟须调整公共服务政策,利用法治手段扩大提供社会公共服务的社会群体,提高服务质量和标准,努力实现全市常住居民在基本公共服务方面均等化,借以展示国际大都市社会治理和法治文化的发展成果。

(三)公共安全成为加强社会治理和法治体系建设的新挑战

社会治理主要包括风险治理和应急处置,公共安全在社会治理中占有重要地位,涉及自然灾害、安全生产、公共卫生和社会安全等。随着网络新媒体的快速发展,社会突发事件的快速传播加大了处置难度。在全面推进建设国际经济、金融贸易、航运和科技创新中心的进程中,社会公众对上海各级政府及时处置突发事件、保障公共安全提出了更高要求。因此，社会矛盾化解、公共安全处理等一样成为上海创新社会治理的重要任务。

法治文化作为一种特殊的文化软实力，是社会主义法治建设的"灵魂"，是建设法治国家的内在动力和精神支持。法治国家需要拥有符合社会发展规律的法治体系，同时需要公众对于法律的忠诚与信仰。法治文化能够使公众在日常生活中学习法律知识，依法行使基本政治权利，依法处理社会矛盾纠纷，依法保障个人合法权益，引导社会公民成为社会主义法治建设的坚定力量。当前，上海仍存在一些阻碍迟滞法治建设的社会乱象，社会各界亟须从道德规范和行为约束层面，防止和杜绝破坏社会主义法治现象行为发生。

三 上海在建设社会主义法治文化、创新社会治理中的有效对策

当前，从加强社会治理的角度出发，我们需要借助海派文化加快构建中华传统文化传承创新体系，不断丰富中华民族文化宝库，坚定文化自信，为依法加强创新社会治理提供文化支撑。中共中央、国务院办公厅印发《关于加强社会主义法治文化建设的意见》，对新时代社会主义法治文化建设发展作出科学部署，这对传承中华传统文脉、全面提升人民群众文化素养、维护国家文化安全、增强国家文化软实力、推进国家治理体系和治理能力现代化具有重要意义。党的二十大提出到2035年基本形成现代社会治理格局，社会充满活力又和谐有序。这指明了新时代社会治理的目标、方向和路径，为新时代加强创新社会治理提供了重要指引，其中，共建、共治和共享是打造现代化社会治理格局的三个特征。当前，我们应依托海派文化的丰富法治内涵，形成独具地域特色的治理体系，打造一系列科学治理方式，构建起稳定和谐的社会秩序，促进社会公平正义目标的真正实现。

（一）依托海派文化打造社会治理和社会主义法治文化新格局

博大精深的中华传统文化成为海派文化资源宝库，文化作为一种软实力在社会治理中具有独特作用，社会治理只有注入文化基因后才会赢得恒久生命力。习近平总书记指出："改革开放以来，我们深刻总结我国社会主义法治建设的成功经验和深刻教训，把依法治国确定为党领导人民治理国家的基本方略，把依法执政确定为党治国理政的基本方式，走出了一条中国特色社会主义法治道路。这条道路的一个鲜明特点，就是坚持依法治国和以德治国相结合。"[①] 这在新的

---

① 《习近平谈治国理政》第2卷，外文出版社，2017，第133~134页。

时代条件下赋予中华传统法律文化精华新的内涵。中华文明在5000多年传承发展进程中,形成了历史悠久的法治文化,形成了内涵丰富的法治精神,彰显了中华传统文化的伟大创造力。中华优秀传统法治文化是一笔宝贵财富,为创新发展社会主义法治文化体系提供了重要历史借鉴。习近平法治思想具有深邃的内涵,体现了中国特色社会主义法治体系的发展要求,为丰富完善新时代中国特色社会主义法治文化提供了重要指引。中华法治文明有着丰富的德法共治思想,我们应认真把握中华优秀传统法律文化的真谛和精华,深入研究中华法治文明的优秀思想和理念,挖掘中国古代法治蕴含的丰富智慧和资源,善于从历史文化中汲取营养,推动中华优秀传统法律文化不断实现创造性转化和创新性发展,促进社会主义法治文化表现出传承性、民族性和时代性,进一步拓宽中国特色社会主义法治道路。

当前,上海应萃取海派文化的精华,丰富社会主义法治文化内涵,努力形成独具上海特色的法治精神,将其转化为党在新时代依法执政的社会基础。在中华文明传承体系中,以家风家训家教为主要代表的社会美德历来是中华文明传承发展、历久弥新的重要方式,这些传统美德对于传承优秀文化、稳定社会结构和促进文明进步起到了重要作用。上海在创新社会治理、法治文化建设中发现,海派文化的许多重要内涵契合社会主义核心价值观体系的发展要求,自由、平等、公正、法治更是契合社会治理和社会主义法治文化的发展需求。

海派文化重视社会道德建设,为贯彻落实社会主义核心价值观奠定了深厚的文化基础。社会治理可借助海派文化涵养品行,以社会主义核心价值观引领高尚道德,引导人们作出适当行为,为创新社会治理、推进社会主义法治文化建设开辟广阔空间。上海应以社会各界道德模范为抓手,深入挖掘和宣传具有鲜明时代特征和社会影响力的典型人物。海派文化一旦形成和固化,其所表现出来的道德约束力往往比正式制度更有力度,更具有持久性、稳定性和连续性,海派文化须与社会主义法治文化建设相得益彰。从党政领导干部和社会公众人物抓起,为创新社会治理、推进法治文化建设营造良好社会风气。

(二)以海派文化多元化丰富法治文化内涵,创新社会治理

党的二十大提出要"加快推进市域社会治理现代化,提高市域社会治理能力"[①]。习近平总书记强调:"法治是人类文明的重要成果之一,法治的精髓和要旨对于各国国家治理和社会治理具有普遍意义。"[②] 习近平法治思想具有宽广的全球视野,正确把握了人类法治文明的发展大势,汲取世界各国制度文明与

[①] 习近平:《高举中国特色社会主义伟大旗帜 为全面建设社会主义现代化国家而团结奋斗——在中国共产党第二十次全国代表大会上的报告》,人民出版社,2022,第54页。

[②] 《习近平关于全面依法治国论述摘编》,中央文献出版社,2015,第32页。

法治文明精髓，传承弘扬中华优秀传统法治文化，同时吸收借鉴人类法治文明的精髓，开创了独具中国特色的社会主义法治文化建设新格局。在推进国家治理体系和治理能力现代化的新形势下，党和国家要注重提升治理效能，坚守法治思维、采取法治方式实施多元共治。上海市应把基层社区作为社会治理的重中之重，利用非政府组织协同推进基层社会治理，不断引导居民自治，破解社会底层现实治理难题。"枫桥经验"的长期实践表明，党和政府要善于优化居民自治组织和党支部、经济组织之间的关系，形成民主开放、包容共商、智力共享的和谐关系，进一步增强基层组织凝聚力和战斗力。

从治理实践来看，海派文化内涵中的尊重多元、理性和契约精神能够有效化解内部矛盾、妥善处理好居民委员会、党支部和经济组织之间的关系，倡导社会公众运用法治思维解决矛盾问题，法治思维引领日益成为全市社会各界的共识。我们应通过发展社会主义法治文化来推进社会治理，尊重社会主体多元，理性对待矛盾和问题，将党和国家、国家和社会、党和社会之间的关系问题用法律加以明确。在实践中，上海以居民社区为基本治理单元，夯实治理的社会基础，努力形成共建共治共享的治理格局，动员社区成员主动参与治理，全市党政机关和社会团体利用海派文化的影响力调动社会公众参与治理的积极性，将常住居民全部融入全市社会治理体系。上海积极将践行社会主义核心价值观纳入文明创建整体框架，通过典型引领推进社会治理常态化，运用海派文化带动典型效应发展成为群体效应，进而形成一种社会效应。近年来，上海坚决贯彻习近平法治思想，立足海派文化的多元性丰富法治文化内涵，努力探索走出一条独具上海特色的上海法治道路，构建了党委统一领导，人大、政府、政协分口负责，逐级逐层抓落实的法治建设工作体制机制，不断推进基层民主化进程，化解社会底层矛盾，维护社会公平正义。上海经济、政治、文化、社会和生态文明建设等领域的法治化水平得到了显著提升，成为社会公认的全国法治化程度最高的城市之一。

（三）通过海派文化倡导公平正义，实现治理成果共享

党的二十大提出要"推进多层次多领域依法治理，提升社会治理法治化水平"[①]，进一步健全共建共治共享的治理体系。其中，共享是治理目标，共建是治理前提，共治是治理保障，最终目标是实现社会公平正义。从法治角度看，共建共治共享的治理体系是推进实现社会公平正义的目标要求。当前，党和国家推进社会治理，实现公平正义，应抓牢社会公众所关心的利益分配问题，主

---

① 习近平：《高举中国特色社会主义伟大旗帜　为全面建设社会主义现代化国家而团结奋斗——在中国共产党第二十次全国代表大会上的报告》，人民出版社，2022，第42页。

要包括教育就业、收入分配和社会保障等。社会治理的其中一项基本职能就是化解社会矛盾和协调各方利益，党政机关应从社会大多数人的立场出发，坚持法治思维，促进公平正义。随着国家综合实力逐步增强和社会的高质量发展，人民群众法治意识不断增强，主动参与社会治理的愿望日益强烈。党和国家应通过制度创新安排，保障公众平等参与社会治理的权利。

1. 海派文化强调社会法治建设

新形势下，上海通过推进海派文化建设，在全社会范围内营造清风正气、追求公平正义的良好社会氛围，和谐法治已成为社会治理的追求目标。从现实来看，治理的核心内容是社会基础是否坚实、法治基础是否稳定、公平目标能否实现等问题，是社会主义法治社会公平正义目标能否实现，是人民群众人身权、人格权和财产权等权利能否得到保障的现实问题。"法治上海"的显著特色是坚持在法治基础上有序地推进民主政治建设，立足海派文化自身优势，发挥中华传统文化深邃的时代价值，保障人民群众的各项民主权利。

2. 海派文化强调社会道德建设

在推进法治文化建设时，国家应把社会团体和人民群众的广泛民主诉求全面纳入治理体系，利用社会主义法治文化影响力引导公众自觉主动参与治理，形成良好的治理氛围。海派文化强调社会责任感，社会各界应突出群众参与"海派文化"建设的积极性，强调"社会治理，人人参与"的工作理念，构建起现代化社会治理体系的顶层设计，引导群众参与法治文化建设，多层面开展"培育好家风、弘扬海派文化"系列社会活动，实现资源互联共享，形成了用海派文化强化社会治理的浓厚氛围。在决胜高水平全面推进社会主义现代化国家建设的新发展阶段，上海应发掘海派文化的深刻内涵，努力构建起共建共治共享的治理新格局，促进社会公平正义目标的实现。社会各界通过系统阐发海派文化，对这一地域文化进行创造性转化与创新性发展，将海派文化融入家庭教育和学校教育，发挥文化引领在创新社会治理体系中的基础性作用，努力提高中小学生的道德素养。

3. 海派文化强调社会责任感

社会主义核心价值观体系中的民主、文明、和谐和法治等契合了社会治理的要求，与海派文化内涵中的尊重多元、崇尚理性和重视社会道德等内容具有内在一致性，社会责任感是社会治理体系中的一个重要组成部分。因此，上海各界在推进社会治理中应传承海派文化，倡导民主法治理念，引导公众加强自我修养，主动融入社会主义法治文化体系建设。社会各界应将海派文化作为践行社会主义核心价值观的丰厚土壤，公众应自觉树立正确的人生追求，将其凝聚成一种独特的地方文化基因。社会各界应赋予海派文化新的时代价值和文化内涵，利用海派文化的丰富内涵和文化基因落实社会主义核心价值观的时代价值,努力实现有法治的地方就有海派文化覆盖、有治理的地方就有海派文化覆盖这一目标。上海市、区两级党委宣传部门应推动海派文化以丰富多彩的形式进机关、校园、家庭、社区、农村、企业,推动一系列海派文化作品发挥"润物细无声"的治理效果。上海作为国际化大都市,应为中国式现代化展现上海样板,为打造超大城市治理提供上海经验。海派文化表现出独特的文化魅力,经过创造性转化与创新性发展,可孕育成为社会主义先进文化的重要代表,助力社会主义法治文化体系的全面建成。

文化是民族的血脉,是人民的精神家园。上海应在依法加强社会治理的过程中传承发扬社会主义法治文化,汲取海派文化精华,坚持"以人民为中心"的法治文化发展理念,激发海派文化创新,推进海派文化的有序科学全面保护,加强顶层设计和协同开发,推进文化资源整合与社会治理协作,借助这一品牌建成上海法治文化体系,推动上海实现高质量发展,让海派文化焕发出更强生命力,为建成社会主义法治文化体系凝聚更多精神力量。

A Strategic Study on the Innovation of Social Governance and the Development of Rule of Law Culture in Shanghai

Wang Rongliang

Abstract: Good social governance is an important part of a better life for the people. In accordance with the plan of the Party's 20 National Congress, China will steadily advance the modernization of social governance in the new era and further improve its social governance system. In the process of building China under the rule of law, Shanghai has taken the lead in innovating social governance and building a rule of law culture in accordance with the law by exploiting Shanghai cultural resources, and gradually found a mature path of rule of law through exploration and practice. Shanghai has proposed to become an outstanding global city by 2035, which not only requires urban functions with global influence, but also a distinctive urban culture. Shanghai culture is a cultural trait that embodies the excellence of Shanghai as a global city. Combined with the new features of social governance in the new era, this paper discusses the new challenges Shanghai is facing in the innovative social governance, and points out the effective strategies for Shanghai to build socialist legal culture and solve the difficult problems of social governance by relying on Shanghai culture.

Keywords: Shanghai Culture; Social Governance; Rule of Law Culture

书评

道洽政治　泽润生民

——读王海明《新正义论：国家制度与国家治理价值标准体系》

姚轩鸽*

【摘　要】《新正义论》围绕"正义"基本理论问题，论证了"正义"作为国家制度与国家治理价值标准体系的科学依据。一方面，系统厘清了正义等基本范畴，为理想国家构建提供了逻辑自洽的学理基础；辨析了国家学与政治哲学的异同，明确了国家学的研究对象与方法；理顺了大体与小体的关系，确立了国家制度创新与国家治理优化的主次轻重；探索并确证了国家制度与国家治理的核心价值标准体系；指出了罗尔斯"正义理论"存在的缺憾与不足，提出了新的正义理论。另一方面，《新正义论》的现代启示有六：原创性科学话语体系的构建应从基本概念的创新与突破开始；理想国家构建与国家治理优化要以科学优良的国家学理论为指导；要紧扣"大节"，把握重点；要以科学优良系统的核心价值标准体系为导向系统；要以科学优良的"正义观"为根本价值标准；正义理论的探索与创新永远在路上。

【关键词】正义；平等；《新正义论》

王海明先生大作《新伦理学原理》被译为英文（全四册）在英国卢德里奇（Routledge）出版社出版之后，2022年6月，他的又一部心血之作《新正义论：国家制度与国家治理价值标准体系》（简称《新正义论》），由商务印书馆付梓

---

* 姚轩鸽，三亚学院法学院特聘教授，三亚学院国家治理研究院研究员，主要研究方向为应用伦理学及社会可持续发展战略。

面世。这或将成为中国学术界"道洽政治,泽润生民"① 之新的学术成果,其学术影响可期可望。

《新正义论》是王先生基于其构建之"新伦理学体系",经过系统批判和检视中西古今政治思想理论传统,探索并建构的颇具原创性、科学性与系统性的国家学理论体系,旨在为"百年未有之大变局"下理想国家构建,提供相对科学、系统、优良的核心价值标准体系,以期拒绝或消减相对主义方法论对理想国家制度创新与国家治理体系优化实践的误导和干扰,进而为中华民族伟大复兴伟业之实现和人类命运共同体之构建,奉献真理性的思想智识,给予精神滋养的加持。因为"一个民族想要站在科学的最高峰,就一刻也不能没有理论思维"②。中国现代化转型同样,"一刻也不能没有"科学、原创、系统之国家学理论的护佑与支持。

其实王先生关于国家制度与国家治理根本价值标准体系——正义问题之研究开始于20世纪80年代,其最早的一篇论文《平等原则之我见——兼评罗尔斯的平等观》发表于《人文杂志》(1997年第5期)。第二篇论文《平等新论》发表在《中国社会科学》(1998年第5期),而专著《公正与人道——国家治理道德原则体系》2010年便由商务印书馆出版。可以说,伴随他关于正义论研究成果的逐步转化与深化,王先生日渐系统的正义论观点已被学界,主要是伦理学、政治哲学、社会学等学科重视和关注。

2002年,学者周仲秋就在其专著《平等观念的历程》中,将王先生的"正义观——平等新论"单列一节给予肯定和推介,认为王先生的正义论观点,"在我国理论界对平等问题的研究中很有代表性"③。而其理论"创新"与突破主要表现在三个方面:一是重新诠释了"阶级平等论"的特定性,是一种"新认识"的尝试;二是重新概括了目前平等理论的"四大"局限性;三是相对于当代"西方自由主义思潮占有重要地位"而言,"平等新论"是一种"积极的扬弃","具有一种整体性批判的性质……其价值之重要自不待言"。④

毋庸置疑,《新正义论》乃是王先生深化正义问题研究的最新成果呈现,特别是他对"最重要的正义——平等"难题的全面破解,并将"正义"确立为国家制度与国家治理的根本价值标准,相信会因其系统性、客观性与科学性等原创性特点,成为审视罗尔斯《正义论》的新视角和新方法,因此或成就"泽润生民"的社会影响与功德。

---

① 大意是:"治国之道正确了,政治就能治理得好;恩泽散播开来,民众就能安居乐业。"参见《尚书·周书·毕命》,王世舜、王翠叶译注,中华书局,2012。
② 《马克思恩格斯选集》第3卷,人民出版社,1995,第467页。
③ 周仲秋:《平等观念的历程》,海南出版社,2022,第442页。
④ 周仲秋:《平等观念的历程》,海南出版社,2022,第460页。

一 《新正义论》的理论创新与学术贡献

总观《新正义论》,全书用四篇11章,共约45万字的结构与容量,以对正义问题的终极叩问为主题,同时辅以严密的逻辑论证方法,这是作者长期探讨国家学根本问题,探寻优良国家制度与国家治理核心价值标准体系的基本范式。第一篇王先生着重探讨国家、主权、国家的起源、国家的目的等国家学基本概念,并运用新伦理学原理,揭示和探寻"国家目的"为何构成国家制度和国家治理终极价值标准的道理。第二篇集中讨论"正义"的界定、类型、正义原则,以及最重要的正义——平等基本问题,旨在为国家制度和国家治理确立科学优良的根本价值标准。第三篇集中讨论了"人道与自由",重点论证和确立人道如何成为国家制度与国家治理"最高价值标准的道德价值基础",即自由是最根本的人道,异化是最根本的不人道。第四篇集中讨论政体问题,旨在通过对专制主义概念与理论的系统批判和澄清,进一步确立民主制度的道德价值基石与科学根据。事实上,《新正义论》继续坚守了作者拓荒《新伦理学》领地几十年来一以贯之的学术价值立场,而且依然满怀追求大道真理品格的治学热忱,并娴熟地运用其擅长的逻辑分析与科学思维优势,求索理想国家的一般原理和规律,目的就在于能为理想国家的建构实践,提供一个相对科学的概念性工具箱和看问题的新视角与新的立足点,助益中国式现代化建设与中华民族的伟大复兴。《新正义论》值得学界和社会各界特别关注的主要亮点或学术贡献如下。

(一)厘清基本概念,为理想国家构建提供坚实的学理基础

从《新伦理学》到《新正义论》,王先生的学术探索有一个十分鲜明的特征就是——能几十年如一日地从学科体系的基本概念剖析开始,剥茧抽丝,廓清其内涵与外延,探索其本质意蕴,进而为严密科学的伦理学和国家学构建,提供坚实的学理基础。道理在于,任何原创性的理论体系构建,首先取决于其基本概念界定的科学性、清晰性与原创性。否则,不是陷入自说自话的学术泥淖,就是背离学术研究与思想探索的初衷,既浪费个体生命资源,也浪费社会学术资源,无法充分发挥学术特有的可加速社会文明进程的积极作用。这在马克思恩格斯看来是因为,"一门科学提出的每一种新见解,都包含着这门科学的术语的革命"[①]。或者是因为,"语言是话语的符号,话语是话语者思想、理论

---

① 《马克思恩格斯全集》第23卷,人民出版社,1972,第34页。

与观点的载体。"① 在汤普森看来，因为"研究意识形态在一定程度上，就是研究社会世界中的语言"②。质言之，如果没有"科学的术语的革命"，就不会有科学的"新见解"；如果缺乏科学的概念支撑，就难以建构科学的理论体系；如果缺乏清晰、原创性的概念支持，就可能"以其昏昏，使人昭昭"；如果缺乏原创性的概念诠释，就只能拾人牙慧、人云亦云，沦为文字的奴隶或者流行观点的俘虏；如果基本概念模糊，科学理论体系的构建就只能接受"空中楼阁"的宿命。自然，如果缺乏科学性、清晰性与原创性的国家学概念体系与范畴，理想国家体系的建构，以及人类命运共同体的构建都只能是妄想或臆测。

值得庆幸和称道的是，《新正义论》不仅对国家、制度、自由、人道、法治、平等、限度、正义等国家学的基本概念进行了严谨的逻辑审视与科学阐释，而且创造了诸如"国家制度与国家治理好坏的价值标准体系；国家制度价值标准；人道与自由：国家制度价值最高标准；正义与平等：国家制度根本价值标准；增进每个人利益总量：国家制度终极价值标准；正义总原则：同等利害相交换，基本权利完全平等；非基本权利比例平等"等新概念。此外还有"增减每个人利益总量终极价值总标准和两个终极价值分标准，利益不发生冲突或可以两全情况下的国家制度终极价值分标准与利益发生冲突而不能两全情况下之国家制度终极价值分标准——最大多数人的最大利益：多数人与少数人之间发生利益冲突而不能两全情况下的国家制度终极价值分标准，国家直接根源，国家终极根源，最高权力契约：国家直接且必然起源，何种最高权力契约：国家直接且偶然起源，人道正面根本原则：使人自由，人道负面根本原则：消除异化，博爱的人道主义，自我实现的人道主义，自由的内在价值，自由的外在价值，自由的法治原则，自由的平等原则，自由的限度原则，被迫异化，自愿异化，不觉异化，异化的正向道德价值，异化的负道德价值"等数以百计的新名词。或正是因为有这些被全新解读或诠释的基本概念支持，才奠定了国家制度与国家治理核心价值标准体系的理论基石，并推导和演绎出了"新正义论"的科学理论体系，从而有望为理想国家的加速构建提供可持续的智识支持。

（二）辨析国家学与政治哲学异同，明确理想国家的研究对象与方法

如果混淆国家学与政治哲学的研究对象和范围，或者认为政治哲学就等于国家学，或者认为政治哲学的研究对象与国家学的关注视域重叠，更多关注的是政治哲学与政治学的区别问题，既忽视国家学研究，也不重视国家学与政治学之间区别问题的研究，其理论错误与实践危害可想而知。事实上，大多数研

---

① 盛昭瀚：《话语体系：讲好管理学术创新的"中国话"》，《管理科学学报》2019年第6期。
② John B. Thompson, *Studies in the Theory of Ideology*, Cambridge: Polity Press, 1984, p. 2.

究者认为，国家学与政治学二者的区别仅在于——"是"和"应当"，或者事实和价值。① 美国著名学者阿兰·艾萨克也持此论。② 其实直至20世纪70年代罗尔斯发表《正义论》后，政治哲学界才将"人权、民主、平等、自由、正义"等范畴归入"价值"或"政治价值"范畴之中，政治科学家和政策分析学者才"开始关注价值"③。史蒂芬·B.斯密什也持同论附议，④《中国大百科全书·政治学卷》也是一样⑤，国内政治哲学研究代表学者俞可平同样⑥，学者罗予超⑦、朱士群⑧等，甚至认为，政治哲学就是"国家学"，或者独立于"国家学"体系的存在。

其实在王先生《新正义论》的视域里，尽管国家学与政治哲学存在一定的联系，都是社会对国民与国家之间一般或重大利害行为事实与应该如何之规范（国家道德与国家法律）问题的研究，但国家学比政治哲学的研究视域更加全面、广阔和深远，也更为重要和必要。因为在王先生看来，"国家学"既是研究"国家制度优劣好坏的价值标准的科学"，更是"一种价值最大的科学"⑨，主要研究国家的政治、经济、文化和社会"四大"制度的好坏与优劣问题，特别是十分重视研究重大且直接创获财富活动（经济与文化产业）制度的好坏与优劣问题。而且从"国家"与"政治"的定义看，王先生也认为国家学与政治哲学的研究对象和范围是不同的。因为"国家就是拥有最高权力的社

---

① 即政治哲学的核心问题包括："我为什么应该服从国家？""应该由谁来统治？""收益应该分配给谁？""个人自由的限度应该是什么？"参见〔英〕海伍德《政治学核心概念》，吴勇译，天津人民出版社，2008，第118页。
② 认为："政治哲学就是要试图真正了解政治事物的性质以及正确的或完善的政治制度这两方面的知识。"转引自古尔德等《现代政治思想》，杨淮生译，商务印书馆，1985，第61页。
③ Dennis R., Eckart, "Rethinking Politi-cal Values," *Political Science* (2001): 4761.
④ 认为："政治哲学就是对政治生活的永恒问题的探究，一切社会都必定会遇到这些问题，它们包括'谁应当统治'、'应当如何处理冲突'、'应当怎样教育公民和政治家'等等。"参见〔美〕史蒂芬·B.斯密什《政治哲学》，贺晴川译，北京联合出版公司，2015，序第1页。
⑤ "政治哲学是研究社会政治关系的本质及其发展一般规律的科学，又是研究政治理论的方法、原则体系的科学，是政治学与哲学这两大学科体系的中介环节。"参见《中国大百科全书·政治学卷》，中国大百科全书出版社，1992，第512页。
⑥ 认为政治哲学是"关于现存政治生活的一般准则以及未来政治生活的导向性知识，即主要关注政治价值，为社会政治生活建立规范和评估标准"，其"研究对象是政治价值和普遍性的政治原理"，"主要研究政治价值和政治实质"。参见俞可平《权利政治与公益政治》，社会科学文献出版社，2001，第1~2页。
⑦ 政治哲学是"研究政治世界的深层本质与普遍规律的科学。"参见罗予超《政治哲学——对政治世界的反思》，湖南人民出版社，2003，第22~23页。
⑧ 认为："政治哲学是以哲学的方式探讨政治存在、政治价值和政治话语的一种理论知识体系。它的主要研究对象是政治存在、政治价值和政治话语。"参见朱士群《政治存在、政治价值和政治话语——试论作为公共哲学的政治哲学》，《学术界》2000年第3期。
⑨ 王海明：《新正义论》，商务印书馆，2022，第20页。

会,就是拥有最高权力管理组织的社会,就是拥有政府的社会"①。"政治"则是"社会对于具有重大社会效用的行为应该且必须如何的不创造财富的权力治理"②。就是说,政治哲学仅仅研究国家政治制度之好坏优劣,比较重视研究重大公共事务——不直接创获财富活动之政治制度的好坏优劣,及其治理活动优化的一般性和重要性问题。或者说,政治学和政治哲学容易忽视促进重大且直接创获财富活动(经济与文化产业)制度好坏优劣之重要问题的优化研究,忽视国家制度优化核心问题——国家制度根本价值标准、最高价值标准和终极价值标准的研究等。逻辑上,国家学与政治哲学创新的学术功德与影响便大相径庭,如果混淆国家学与政治哲学二者的研究对象与边界,便会遮蔽二者之间的差别,在理论上犯以偏概全的错误。自然,若以此为指导思想构建理想国家的实践,其弊显而易见,最终可能最大限度地消减而不是增进全社会和每个国民的利益或福祉、幸福或尊严总量,无法助力人类命运共同体的尽快构建。

同时,《新正义论》还发现了国家制度价值评估的科学方法,即"国家制度终极价值标准(增减每个人利益总量)和根本价值标准(公正与平等)以及最高价值标准(人道和自由)是衡量各种国家制度好坏的标准"③。客观上,有助于消减主观随意性国家制度价值评估方法的误导与危害。具体说,有助于矫正或平息国家制度优劣评价中的相对主义现象,或者"公说公有理,婆说婆有理"的乱象,能将社会资源更多地聚焦在价值比较大的方向上,避免发生资源和机遇的浪费。

(三) 理顺大体与小体关系,确立国家制度创新与国家治理优化的主次轻重

制度与治理无疑是一种"大体与小体"的关系,也是一种"决定与被决定"的关系。国家制度与国家治理之间的关系同理。具体是因为制度是一种规则体系,既包含非权力规范——道德,也包含权力规范——法律。道格拉斯·C. 诺斯④、康芒斯⑤等都赞同对"制度"的这一定义。而"治理"在俞可平看来,是指"政治管理的过程,包括政治权威的规范基础、处理政治事务的方式

---

① 王海明:《新正义论》,商务印书馆,2022,第40页。
② 王海明:《新正义论》,商务印书馆,2022,第4页。
③ 王海明:《新正义论》,商务印书馆,2022,第9页。
④ "制度是一个社会的游戏规则,更规范地说,它们是为决定人们的相互关系而人为设定的一些制约。"参见〔美〕道格拉斯·C. 诺斯《制度、制度变迁与经济绩效》,刘守英译,上海三联书店、上海人民出版社,1994,第3页。
⑤ "制度似乎可以比作一座建筑物,一种法律和规章的结构,正像房屋里的居住人那样,个人在这结构里面活动。"参见〔美〕康芒斯《制度经济学》(上册),于树生译,商务印书馆,1997,第86页。

和对公共资源的管理"①。同时"治理包括统治和管理的意思，包含一定的强制力和非强制力"②。事实上，"治理"是指制度规则（道德和法）的执行过程或活动，是指国家道德与国家法律规范执行和运行的过程，包括规范、主客体、目标与方式等要素。或者说制度、国家制度之优劣，总体上决定治理过程总体水平之高低。制度、国家制度优良，则国家治理总体水平就高。相反，制度、国家制度低劣落后，则国家治理总体水平就低。

《新正义论》认为，"国家制度"是指国民与国家之间利害行为"应该"和"应该且必须"如何之规范，既包括国民与国家之间一切利害行为应该如何之非权力规范——国家道德，也包括国民与国家之间重大利害行为"应该且必须"如何之权力规范——国家法律（宪法等）。前者主要凭借国家舆论强制与教育强制的非权力力量发挥作用并实现自己；后者则主要凭借国家暴力强制与行政强制的权力力量发挥作用并实现自己。③ 而"国家治理"是指国家道德与国家法律的执行和运行过程或活动。如前所述，二者之间是一种相辅相成的主次关系，即是"决定、根本、全局与被决定、非根本、非全局性"的主次关系。就是因为，"制度是内容和实质；治理是形式和现象"，即国家制度规则"或所谓建构因素是大体，是决定性的、根本性的和全局性的；国家治理或所谓人的因素是小体，是被决定的、非根本的和非全局性的。国家制度的优劣好坏决定国家治理优劣好坏；国家治理的优劣好坏表现为国家制度的优劣好坏"④。或者说，"国家制度和国家治理——亦即法和道德以及政治和德治——不过是手段，目的全在于保障经济和文化以及人际活动的存在发展。目的能否达到，取决于手段好坏优劣。因此，一个国家经济能否迅速发展和文化能否繁荣兴盛以及人际活动能否自由安全，取决于国家制度和国家治理的好坏优劣：此乃'放之四海而皆准、行之万世而不悖'之绝对真理也！"⑤

基于此，有学者就认为，"制度必须是建构在合法性的基础上"⑥。在学者丰子义看来，因为"制度"乃是"治理"的依据，"治理"则是"制度"之实现。⑦ 学者王书慧则认为，"制度是治理的根本依据，完善的制度架构能确保国

---

① 俞可平：《治理与善治》，社会科学文献出版社，2000，第5页。
② 丁志刚：《全面深化改革与现代国家治理体系》，《江汉论坛》2014年第1期。
③ 王海明：《新正义论》，商务印书馆，2022，第74～75页。
④ 王海明：《国家学》（中），中国社会科学出版社，2012，第495页。
⑤ 王海明：《新正义论》，商务印书馆，2022，第601页。
⑥ 〔美〕罗伯特·杰克曼：《不需暴力的权力：民族国家的政治能力》，欧阳景根译，天津人民出版社，2005，第30页。
⑦ "国家治理体系根据国家制度构建，治理体系的结构、联系、规则、运作等是由国家制度性质决定的；国家治理的一切工作和活动都是依据国家制度来展开的，国家治理的方向、道路是由国家制度确定的。"参见丰子义《辩证把握"制"与"治"》，《人民日报》2020年2月24日。

家治理的正确前进方向,取得有效治理效果。"① 一句话,国家制度优劣总体上决定国家治理的大方向及其水平的高低。当然反过来,国家治理也会促进国家制度的优化。质言之,"制度决定一个国家走什么方向"②。邓小平因此反复强调指出,"制度是决定因素"③。逻辑上,理想国家构建必须"从制度方面解决问题",而且"唯有依靠制度,才能将权力整合至一个统一的治理通道中。"④质言之,"国家制度是安邦定国之本,国家治理是经国序民之基"⑤。

推而可知,理顺国家制度与国家治理大体与小体关系之理论价值与实践意义十分重大。它一方面提醒并鼓励人们,理想国家的构建要把握大局和根本,不能囿于具体的细节与"小节"问题而错失历史给予的重大发展机遇。正如美国学者莱斯利·里普森所言,政治学研究必须识大体、抓重点。⑥ 政治学尚且如此,研究拥有最高权力社会基本制度和治理的国家学又何尝不是如此呢?显然更应紧扣国家制度创新和优化这个决定性、根本性和全局性的重大问题展开,并推进国家制度创新和国家治理优化,不可因小失大,"抓了芝麻,漏了西瓜"。另一方面则有助于人们自觉拒绝相对主义思维方式和惯性裹挟与误导,防止对优良国家制度追求者热忱的挫伤与打击,避免陷入枝节性细节优化的迷失或泥淖,结果忘记理想国家建构的初衷或终极目的。正如英国学者布莱斯所言,因为"所有制度都不是十全十美的"⑦。如果运用典型案例列举法论证,世界上的国家制度便没有好坏之别。因为严格说来,任何制度都存在优点和缺点,如果被相对主义思维方式或惯性所干扰,即通过列举国家治理过程中存在的缺点与不足,否定国家制度的优良性与客观性,便会挫伤或打击人们追求理想国家制度创新的热忱与积极性。举例说,如果以民主制度运行过程中存在的阶段性问题与缺陷,否定民主制度本身的先进性与优良性,从而拒绝民主制,便是相对主义思维方式最典型的表现。或者依据国家治理过程中的阶段性高效或成就

---

① 王书慧:《制度是有效治理的基础》,《前线》2020年第6期。
② 《毛泽东年谱(一九四九——一九七六)》第4卷,中央文献出版社,2013,第321页。
③ 《邓小平文选》第2卷,人民出版社,1994,第308页。
④ 李强:《"制度能力"体现执政能力》,《人民日报》2011年7月27日。
⑤ 《中共中央关于坚持和完善中国特色社会主义制度推进国家治理体系和治理能力现代化若干重大问题的决定》,《人民日报》2019年11月6日。
⑥ "在当代的'科学'研究中存在太多测量工具和模式、系统和统计……它们确实也提供了一些信息和线索。但它们触及到这一课题的核心了吗……人的本质中所有复杂的地方,它的多面性、善和恶、吸引人的东西和令人厌恶的东西,都在现实政治中存在着。对于这些,科学的技术只能解释有限的部分,其余的也就是事实上这一课题中最重要的部分包含了人们的阐释,其中必然有着人们的主观因素……我们首先要研究的主要是选择、优先性、价值、问题。尽管制度、程序和权力是重要的,但处于第二位。"参见〔美〕莱斯利·里普森《政治学的重大问题》,刘晓等译,华夏出版社,2001,第21页。
⑦ 〔英〕詹姆斯·布莱斯:《现代民治政体》(下册),张慰慈等译,吉林人民出版社,2001,第1027页。

等优点,拒绝国家制度层面的优化与改革等,故步自封,不思进取,则会错失国家制度结构性优化的历史性机遇,等等。对此,王先生认为,"一种国家制度与国家治理之好坏,整体说来,无疑取决于是否符合国家制度与国家治理好坏的价值标准:符合者,无论有多少缺点、错误和恶,都是具有正价值的、应该的、好的、善的国家制度与国家治理;违背者,无论有多少优点、正确和善,都是具有负价值的、不应该的、坏的和恶的国家制度与国家治理"①。一句话,国家"制度或治理"之好坏优劣之评价,需要根据国家制度与国家治理核心价值标准进行。当然,《新正义论》强调国家制度与国家治理关系中的相对重要性,并不是"制度决定论者"②,而是主张国家制度与国家治理关系有主次轻重,提醒理想国家建构,必须分清主次,认清国民与国家之间目的与手段交换关系的本质,并能自觉把握重点和关键,避免被枝节性问题和目标所误导和裹挟。

(四) 探索并确证国家"制度与治理"核心价值之标准体系

任何国家的制度与治理,都是以"核心价值"作为内在根据与价值导向系统的。科学优良之国家制度与国家治理是以真理性核心价值标准作为内在根据和价值导向系统;落后恶劣之国家制度与国家治理则是以真理性欠缺的核心价值标准作为内在根据和价值导向系统。但是,由于现实的复杂性与不确定性,不同群体和个体所处的社会地位、行业、身份、认知等存在诸多差异性,每个行为主体对国家制度与国家治理优劣评判的价值标准便存在差异,甚至大相径庭。但这只是说明,国家制度与国家治理的核心价值标准体系存在特殊性、相对性与主观性等,却并不能因此否认国家制度与国家治理核心价值标准体系本身之普遍性、绝对性与客观性。在王先生看来,国家制度规则(道德与法)具有客观的结构、客观的优劣评价标准、客观的制定过程与方法,以及客观的优劣发展规律。③ 逻辑上,优良国家制度规范必是客观的,既是基于人们对国家制度创建之终极目的的科学认知,也是基于人们对国民与国家之间利害行为事实如何之规律性的科学认知,自然也是基于真理性国家制度价值,再经过正确的国家制度价值判断推导制定出来的。首先推导制定的是国家道德——非权力规范,其次则是以国家道德为价值导向系统,推导制定出相应的国家法律——权力规范,最后完成优良科学国家制度体系之构建。也就是说,唯有经过科学的国家制度制定程序和步骤方法制定的国家制度(国家道德与国家法律),才可

---

① 王海明:《新正义论》,商务印书馆,2022,第9页。
② 即"把社会理解得太接近机器运作,好像只要设定了制度,社会实践就成为按照制度的自动运作"。参见赵汀阳《天下的当代性:世界秩序的实践与想象》,中信出版社,2016,第105页。
③ 王海明:《新伦理学》,商务印书馆,2001,第129~131页。

能是科学优良的，也是"可普遍化"的。相反，则是主观恶劣的，是"不可普遍化"的。同理，作为国家制度规则所遵从和执行之国家治理过程或活动，尽管具体途径、策略与方法存在差异，但其治理基本规律之客观性不应被忽视和违背。

事实上，《新正义论》正是基于上述理性认知，认为判定国家制度与国家治理之好坏，整体要看是否"符合国家制度与国家治理好坏的价值标准"。而这一核心价值标准体系是由"根本价值标准（正义）、最高价值标准（自由）与终极价值标准（增进每个人利益总量）"三者构成。首先，"正义"之所以作为评价国家制度与国家治理好坏的根本价值标准，尽管从柏拉图[①]到亚里士多德[②]，再到斯密[③]，以及被誉为当代正义论大师的罗尔斯[④]等都有精辟论述，但唯有"平等"才是"最重要的正义"[⑤]。即评价国家制度之好坏优劣的价值标准是正义与平等："平等是国家制度好坏最根本的价值标准。"[⑥] 同时，王先生发现并进一步论证了"两个平等原则"，他认为："一方面，每个人因其最基本的贡献完全平等——每个人一生下来便都同样是创建社会的一个股东——而应该完全平等地享有基本权利、完全平等地享有人权，这是完全平等原则，亦即所谓人权原则；另一方面，每个人因其具体贡献的不平等而应享有相应不平等的非基本权利，也就是说，每个人所享有的非基本权利的不平等，与自己所做出的具体贡献的不平等的比例，应该完全平等，这是比例平等原则，是非人权权利分配原则。"[⑦] 而这"两个平等原则"思想，无疑源于亚里士多德的两种平等——数目平等与比例平等，而新近对"两个平等原则"的论证者，即罗尔斯

---

① "当我们建立这个城邦时，从一开始我们就已经确定了一条普遍原则。我想，这条原则，或这条原则的某种形式，就是正义。"参见〔古希腊〕柏拉图《理想国》，郭斌和、张竹明译，商务印书馆，1986，第156页。
② "城邦以正义为原则。由正义衍生的礼法，可凭以判断人间的是非曲直，正义恰正是树立社会秩序的基础。"参见〔古希腊〕亚里士多德《政治学》，吴寿彭译，商务印书馆，1996，第9页。
③ "正义是支撑整个大厦的主要支柱。如果去掉了这根柱子，人类社会这个巨大而广阔的建筑物必定会在一瞬间分崩离析。"Adam Smith, *The Theory of Moral Sentiments*, China Sciences Publishing House Chengcheng Books Ltd Beijing, 1997, p. 86。
④ "正义是社会制度的首要善，正如真理是思想体系的首要善一样。一种理论，无论多么高尚和简洁，只要它不真实，就必须拒绝或修正；同样，某些法律和制度，无论怎样高效和得当，只要它们不正义，就必须改造或废除。"John Rawls, *A Theory of Justice(Revised Edition)*, The Belknap Press of Harvard University Press Cambridge, Massachusetts, 2000, p. 3。"公众的正义观乃是构成一个组织良好的人类联合体的基本宪章。"同前，p. 5。
⑤ "正义就是平等。"《亚里士多德全集》第8卷，中国人民大学出版社，1992，第278页；"所谓正义，它的真实意义，主要在于平等。"参见〔古希腊〕亚里士多德《政治学》，吴寿彭译，商务印书馆，1996，第153页；"平等构成正义的本质。" Robert Maynard Hutchins, *Great Books of The Western World*, Volume. 43. Utilitarianism, by John StuartMill, Encyclop Aedia Britannica, Inc, 1980, p. 467。
⑥ 王海明：《新正义论》，商务印书馆，2022，第10页。
⑦ 王海明：《新正义论》，商务印书馆，2022，第288～290页。

其次,"人道"之所以作为评价国家制度与国家治理好坏的最高价值标准是因为,"人道是视每个人的创造性潜能的实现为最高价值而使人实现自己的创造性潜能的行为,也就是视人的自我实现为最高价值而使人自我实现的行为,简言之,就是'使人成为人'的行为"①。而"每个人创造性潜能实现的最根本的必要条件是个性的发挥;个性发挥最根本的必要条件是自由。因此,自由便是每个人创造性潜能实现最根本的必要条件,是最根本的人道,说到底,是国家制度与国家治理好坏深层次的最高价值标准"②。因此但丁认为,"好的国家是以自由为宗旨的"③。阿克顿④和哈耶克⑤也持同论(具体论述见脚注——笔者注)。一句话,因为"自由是自我实现的根本条件,二者成正相关变化:一个人越自由,他的个性发挥得便越充分,他的创造潜能便越能得到实现,他的自我实现的程度便越高。自由是每个人自我实现、发挥创造潜能的根本条件,同时也就是社会繁荣进步的根本条件。因为社会进步的一切要素,都不过是人的活动的产物,都不过是人的能力发挥之结果,因而说到底,无不以自由为根本条件。因此,自由是人道的根本原则,是社会治理的最高原则。"⑥

最后,由于平等与自由、正义与人道有可能发生冲突而不能两全,逻辑上就需要有一个可以进行国家制度优劣好坏评价之"终极价值标准",而这个"终极价值标准",就是王先生反复强调和论证的"增进全社会和每个人的利益总量"。而且这个"终极价值标准",是由"若干标准——亦即一个总标准和两个分标准——构成的价值标准体系"⑦。提出这一终极标准者,有亚里士多

---

① 具体说,"使人成为人是衡量一切行为是否人道的总原则,是衡量国家治理和国家制度好坏的最高价值总标准。自由是自我实现的根本条件,二者成正相关变化:一个人越自由,他的个性发挥得便越充分,他的创造潜能便越能得到实现,他的自我实现的程度便越高。因此,自由是最根本的人道,因而国家治理和国家制度好坏的最高价值标准,说到底,乃是自由。"参见王海明《新正义论》,2022,商务印书馆,第 369~388 页。
② 王海明:《国家学》,中国社会科学出版社,2012,第 11 页。
③ 周辅成编《从文艺复兴到十九世纪资产阶级哲学家政治思想家有关人道主义人性论言论选辑》,商务印书馆,1973,第 21 页。
④ "自由的理念是最高贵的价值思想——它是人类社会生活中至高无上的法律。"参见〔英〕阿克顿《自由与权力》,侯健、范亚峰译,商务印书馆,2001,第 307 页;"自由并不是达到更高的政治目的的手段,它本身即是最高的政治目的。"同前,第 49 页。
⑤ "自由是一个国家的最高善。"F. A. Hayek, *Law, Legislation and Liberty*, Volume1, China Social Sciences Publishing House Chengcheng Books Ltd, Beijing, 1999, p. 94。
⑥ 王海明:《新伦理学》(中),商务印书馆,2001,第 981 页。
⑦ 分标准 1,是在人们利益不发生冲突而可以两全情况下的终极标准,亦即所谓的帕累托标准:无害一人地增加利益总量。分标准 2,则是在人们利益发生冲突而不能两全情况下的价值终极标准:"最大利益净余额"和"最大多数人的最大利益"标准。参见王海明《新正义论》,商务印书馆,2022,第 107 页。

德①、穆勒②、西季威克③等。当然，这一评价国家制度好坏的终极价值标准，可具体化为两大分标准，即冲突情境与非冲突情境两种。王先生认为，在冲突情境下，应遵循"最大利益净余额"原则，因为"最大利益净余额乃是解决一切利益冲突的价值终极标准，因而也就不能不因利益冲突的类型不同而有不同表现。这些表现，主要讲来，可以归结为多数人与少数人的利益冲突。如果是一般的、正常的、常规的情况，多数人的利益的价值显然大于少数人利益的价值，因而当二者发生冲突时，最大利益净余额标准便表现为最大多数人最大利益标准：应该牺牲少数人利益而保全多数人利益。"④ 而在非冲突情境下，则应遵从"不伤一人地增进所有人利益总量"之标准，因为"国家最终目的或国家制度价值终极总标准，如前所述，是增进每个人利益总量，而并不是增进最大利益净余额或最大多数人最大利益：最大利益净余额或最大多数人最大利益不过是在利益发生冲突因而不可能增进每个人利益情况下的无奈选择。因此，在人们利益不相冲突或可以两全的情况下，也就只有无害一人地增进利益总量——亦即使每个人的境况变好或使一些人的境况变好而不使其他人的境况变坏——的国家制度和国家治理，才符合'增进每个人利益总量'之终极总标准，因而才是好的、应该的、具有正价值的；反之，如果为了最大多数人最大利益而牺牲最小少数人最小利益，那么，不论这样做可以使利益净余额达到多么巨大的、最大的程度，不论这样做可以给最大多数人造成多么巨大的、最大的幸福，便都违背了'增进每个人利益总量'之终极总标准，因而便都是不好的、不应该和具有负价值的。"⑤

（五）确证并确立"正义"作为国家"制度与治理"根本价值之标准

"正义"平等之所以可作为判定国家"制度与治理"好坏优劣的根本价值标准，无疑是根据正义平等之本性及其"正义"在国家制度与治理系统中所处

---

① "城邦是若干生活良好的家庭或部族为了追求自足而且至善的生活，才自行结合而成的。"参见〔古希腊〕亚里士多德《政治学》，吴寿彭译，商务印书馆，1965，第140页。"城邦的目的是人类所可能达到的最优良生活。"（同前，第364页）"城邦的长成出于人类生活的发展，而其实际的存在却是为了'优良的生活'。"（同前，第7页）"城邦不仅为生活而存在，实在应该为优良的生活而存在。"（同前，第137页）。

② "有一个基本的原则或法则，作为全部道德的基础……这一个原则是在各种原则之间发生冲突时进行判决的尺度。"John Stuart Mill, *Utilitarianism China Social Sciences*, Publishing House Chengcheng Books Ltd 1999, p. 4。

③ "按照功利主义论者更为流行的观点，无论这些规范的起源是什么，只有当奉行这些规则有助于普遍幸福时，它们才是正确的……这样一来，如果全部义务的目的都在于普遍幸福，那么看起来，我们便又被引导到作为最终目的而被绝对地规定的幸福概念。"Henry Sidgwick, *The Methods of Ethics*, Macmillan and Co, Limited, St. Martin S Street, London, 1922, p. 8。

④ 王海明：《新正义论》，商务印书馆，2022，第133页。

⑤ 王海明：《新正义论》，商务印书馆，2022，第140~141页。

的权重地位。一方面是因为正义的"正义性"价值及其特性;另一方面则是因为,"仁爱"等不可能成为评价制度与治理优劣好坏的"根本价值标准"。毋庸讳言,关于国家"制度与治理"优劣好坏之评价的根本价值标准,除正义平等标准之外,还有一个影响力比较大的观点——"仁爱标准",即认为"仁爱"是判定国家"制度与治理"优劣好坏的"根本价值标准"。逻辑上,要真正树立"正义"——平等作为国家制度与国家治理优劣评价根本价值标准之重要地位,必须论证"仁爱标准"之不可行性,指出其谬误或不足方可。就正义的"正义性"价值及其特性而言,"正义"平等之所以能作为国家"制度与治理"优劣好坏评价之"根本价值标准",正如斯密所言,因为"社会存在的基础与其说是仁爱,毋宁说是正义"[1]。也如罗尔斯所说,因为"正义是社会制度的首要善。"

问题是,"仁爱"能否成为国家制度与国家治理优劣评价的根本价值标准?为此必须首先弄清楚,"仁爱"的内涵与本质是什么?王先生认为:"仁爱是无私奉献,是积极的无偿给予。"[2]就道德境界的"高低"而言,显然"正义远远低于仁爱和宽恕"[3]。但正义是指"等利交换的行为",即"是通过给予对方利益,来换取或回报对方的同等利益……因此,正义行为的目的是利己,行为手段是利他,属于为己利他的道德境界"。但就正义也是指"等害交换的行为"而言,正义显然是"一种目的害人的行为,却因其能够使人们避免相互损害,从而极为有利于社会的存在发展,符合道德目的。"因此,"正义对于道德目的的效用——的大小轻重来说,却远远大于、重要于仁爱和宽恕……正义是最重要最主要最根本的道德。"[4]即如霍尔巴赫所言,就是因为"公正是社会权力和权威的真正基础"[5]。或如斯密所言,因为"正义是支撑整个大厦的主要支柱"[6]。在罗尔斯看来,正义观"乃是构成一个组织良好的人类联合体的基本宪章"[7]。逻辑上,因为"仁爱"仅仅有助"互利",却无法防止"互害",便不可能也不应作为评价国家制度与国家治理优劣好坏的根本价值标准。在王先生看来,能"避免人们相互间的伤害的最重要最有效的原则,无疑是等害交换的正义原则",能"增进社会和他人利益的最重要最有效的原则,无疑是等利交

---

[1] Adam Smith, *The Theory of Moral Sentiments*, China Sciences Publishing House Chengcheng Books Ltd, Beijing, 1979, p. 86.
[2] 王海明:《新正义论》,商务印书馆,2022,第193页。
[3] 王海明:《新正义论》,商务印书馆,2022,第194页。
[4] 王海明:《新正义论》,商务印书馆,2022,第195页。
[5] 〔德〕霍尔巴赫:《袖珍神学》,单志澄译,商务印书馆,1972,第5页。
[6] Adam Smith, *The Theory of Moral Sentiments*, China Sciences Publishing House Chengcheng Books Ltd Beijing, 197, p. 86.
[7] John Rawls, *A Theory of Justice (Revised Edition)*, The Belknap Press of Harvard University Press Cambridge, Massachusetts, 2000, p. 5.

换的正义原则。"① 当然，就人性事实如何之规律而言，则是因为"任何一个社会，无论怎样，至多只能使人们的偶尔行为无私利他从而达到仁爱和宽恕的境界；人们的恒久行为则只可能为己利他而达到正义的境界"②。因此，"仁爱"根本不可能作为评价国家制度与国家治理优劣的根本价值标准，能作为评价国家制度与国家治理根本价值标准的，只能是"正义"——平等。休谟因此指出："如果每个人对他人都充满仁爱之心，或者自然供应的物品能够丰富到满足我们的一切需要和欲望，那么，利益计较——它是正义原则存在的前提——便不存在了；现在人们之间通行的有关财产及所有权的那些区别和限制也就不需要了。因此，人类的仁爱或自然的恩赐如果能够增进到足够的程度，就可以使正义原则毫无用处而代之以更崇高的美德和更有益的祝福。"③

（六）检视现行"正义理论"缺憾，求索优良科学正义观

"正义"平等作为国家"制度与治理"好坏优劣评价之根本价值标准显而易见。关键或在于，如何才能科学理解正义的"正义性"，真正树立科学优良的正义观？坦率地说，关于"正义"的"正义性"之认知，不知耗费了古今中西多少智者的心血。遗憾的是，关于正义问题的研究，或就其整体形态而言，至今仍然呈现的是一种"相对零散、非系统、阶段性"的样态，或者未完成和构建一个完整科学的体系。退一步讲，就是同意和认可"正义"——平等作为评价国家制度与治理优劣的根本价值标准，也未必能真正发挥正义——平等在国家制度创新与国家治理优化中的重要职能与效用。客观上，或是因为正义问题本身的复杂、繁复与艰深。因为在美国统一法学的代表人物埃德加·博登海默看来，"正义有着一张普罗透斯似的脸"④，自然，"当我们钻研公正问题而努力揭示其令人困惑的秘密时，往往会陷入沮丧和绝望"⑤。

毋庸讳言，王先生经过几十年筚路蓝缕地探索与耕耘，在正义理论研究领域，取得了令人肃然起敬和颇具原创性与系统性的学术成果——《新正义论》，其主要创新观点可简要概括为以下八条：正义总原则是"等利害交换"；正义根本原则是"权利与义务相等"；社会根本正义的"贡献原则"是"贡献是权利的源泉和依据"；社会根本正义的"德才原则"即"德"与"才"是职务等

---

① 王海明：《新正义论》，商务印书馆，2022，第195页。
② 王海明：《新正义论》，商务印书馆，2022，第196页。
③ David Hume, *A Treatise of Human Nature*, Clarendon Press Oxford, 1949, p. 199.
④ 普罗透斯：希腊神话中的海神之一，为海神波塞冬放牧海豹群。能占卜未来，并能随心所欲地改变自己的面貌。尽管他变成狮、龙、豹、树等，仍被墨涅拉俄斯制服，为其指明回家之路，并向他预言参加特洛伊远征的其他人的命运。参见《大辞海》。
⑤ Edgar Bodenheimer, Jurisprudence, *The Philosophy and Method of The Law*, Harvard University Press, Cambridge, Massachusetts, 1967, p. 178.

权利的潜在的源泉和依据,并从中推导出如下"四个社会根本正义之分原则"——"平等总原则、政治平等原则、经济平等原则与机会平等原则"①。坦率地说,如果据此审视饮誉世界、影响巨大的罗尔斯的《正义论》,尽管它看似一个"博大精深的思想体系",引来无数学者的仰望和膜拜,但严格说来,罗尔斯《正义论》却并非一个"科学体系",而且既非正义的科学体系,也非国家制度与国家治理好坏优劣评价之根本价值标准的科学体系。或者说,尽管罗尔斯的《正义论》对正义问题引发的社会广泛关注和影响功德毋庸置疑,因为罗尔斯"首次将亚里士多德以降关于两个平等原则的观点和理论,构建成一种理性知识体系,亦即证明两个平等原则正义性的理性知识体系,说到底,亦即洋洋50万言的证明两个平等原则正义性的科学体系:使亚里士多德以降的零散的论断变成科学"②。问题和遗憾在于:一是罗尔斯对正义之"正义性"的论证方法并非科学。具体地说,因为罗尔斯运用的是"自由"论证方法,即认为借助"无知之幕"的设定可论证正义的"正义性"。岂不知,正义的"正义性"之论证方法,应属"价值论证"。即正义之"正义性"不可能通过人们之间的约定获得真理性正义价值。因为"人们的约定"仅仅只能说明正义之"正义性"的"自由性"。深究则是因为,"自由的原则既可能是正义的、优良的原则,也可能是非正义的、恶劣的原则"。或者说,人人一致同意"只能发现和证明一种原则的自由性,却不能证明一种原则的正义性。"③ 比如说,可以通过"人人一致同意"结束某个人的生命,尽管是自由的,却是不公正的。质言之,因为正义原则的"'正义性'就是一定类型的伦理行为符合道德目的——保障社会存在发展——的效用性。"④ 二是罗尔斯所谓的正义两大原则之"第二原则"⑤,严格说来是一种理论上的"退步"。因为在王先生看来,罗尔斯"从比例平等的真知灼见退至不平等的皮相之见,致使亚里士多德以来的'两个平等原则',退化而一为'平等原则'、一为'不平等原则'。"⑥ 三是罗尔斯正义论思想存在明显的片面性。因为科学的正义论思想体系,在王先生看来,至少应

---

① 王海明:《新正义论》,商务印书馆,2022,第301~331页。
② 王海明:《新正义论》,商务印书馆,2022,第293页。
③ 王海明:《新正义论》,商务印书馆,2022,第298页。
④ 王海明:《新正义论》,商务印书馆,2022,第300页。
⑤ "第二原则:社会和经济的不平等应该这样安排,使它们:(a)与正义的储蓄原则一致,而赋予最少受益者以最大利益;(b)附属于机会公平平等条件下之职务和地位向所有人开放。"John Rawls, *A Theory of Justice, Revised Edition*, The Belknap Press of Harvard University Press, Cambridge, Massachusetts, 2000, p. 266。
⑥ 即罗尔斯关于"两个平等原则"的表述也不准确,未能清楚表述平等(即完全平等)分配与不平等(即比例平等原则)分配的东西是什么,特别是背离了"两个原则"——基本权利与义务完全平等与非基本权利与义务比例平等——这个历来被命名为"平等原则"的传统。同时,称其为"正义原则"也不正确,值得商榷。参见王海明《新正义论》,商务印书馆,2022,第17页。

该包含"八大部分"的内容。但罗尔斯的正义理论，仅仅回答和解决了其中很少一部分问题，其视域之狭窄，及其观点的片面性显而易见。如此看，前述"中国知网"数据库的检索数据结果，或可从另一个侧面反映出罗尔斯正义理论存在的理论缺陷与不足。若以此指导国家制度创新与国家治理优化的实践，其弊端可想而知，因此对于恰逢"百年未有之大变局"下的中国现代化转型实践而言，更应辨析和警惕。

二　现代启示

著名政治学家丹特格尔－米诺（DanteGer-mino）的比喻，即把政治哲学的功能与作用比作一幅巨画，便"既有它的前景，也有它的背景"。而政治哲学的使命便在于，如何"帮助人们认清这幅画的背景，帮助人们认清前景与整幅画的关系"①。而研究范围更为广阔和重要的国家学，又何尝不是如此，而且更为重要和必要，更有助于人们看清国家制度与国家治理的前景与背景及二者之间的本质关系。科学优良的国家制度与国家治理理论，乃是抵达理想国家境界、增进全社会和每个国民利益或福祉总量的思想前提。事实上，一种国家学理论能否真正成为引导人们抵达人类理想目标的思想，无疑还"取决于人类能否从过去的成败荣辱中汲取经验"②等其他要素的优化。马克思因此强调，"哲学家们只是用不同的方式解释世界，而问题在于改变世界"③。同样，《新正义论》也不是为了"解释世界"，其旨在"改变世界"，即有助于现实国家制度更加科学优良、国家治理整体效能有效提升。概而言之，《新正义论》的现实启示主要如下。

（一）原创性科学话语体系的构建，应从基本概念的创新与突破开始

马克思在《德意志意识形态》中曾指出："语言是思想的直接现实"④。德国社会学家马克斯·韦伯认为："人类对外物的认识是通过概念和范畴获得的，外物的性质只有经过概念化后才能成为认识的对象。"⑤理论学家、思想家阿尔伯特·爱因斯坦也认为："如果没有界定范畴和一般概念，思考就像在真空中呼吸，是不可能的。"⑥这是因为，概念和范畴都是"构成认识事物的前提和基

---

① 参见 Fred I. Greenstein, Nelsen W. Polsby：《政治科学大全》第 1 卷，《政治学——范围与理论》，台北：幼狮文化事业公司，1982，第 323 页。
② 〔英〕安德鲁·甘布尔：《政治和命运》，胡晓进、罗珊珍译，江苏人民出版社，2007，第 136 页。
③ 《马克思恩格斯选集》第 1 卷，人民出版社，1995，第 61 页。
④ 《马克思恩格斯全集》第 3 卷，人民出版社，1960，第 525 页。
⑤ 转引自李小方《马克斯·韦伯的社会科学方法论述评》，《文史哲》1988 年第 1 期。
⑥ 《爱因斯坦文集》第 1 卷，商务印书馆，1976。

础",即人类对事物的认识是通过一定的概念和范畴获得的。而"学术话语反映了人们对学术问题的思维、认知与价值观念,是学者研究问题的学理性诠释和学术表达,所以具有科学的力量,而力量的大小取决于思想与理论的深刻性与普适性,思想与理论越深刻,相应的话语才有力量传之广泛、传至久远,体现出巨大而广泛的学术影响力。"① 事实上,"在一个学科领域,或是在一个学术研究群体中,其理论创新之所以表现出旺盛且经久不衰的生命力与鲜活度,必然有很多积极的原因,其根本原因是该领域内的学科体系、学术体系与话语体系三者之间相互促进和相互推动"②。

或者说,语言是思想的基元,语言概念的创新与突破,乃是理论创新或原创科学话语体系构建的必要前提。因为很难想象运用一套老掉牙的过时语言或概念术语,甚至是被腐化的语言和话语体系,可以构建出一个颇具原创性、科学性与优良性的话语或科学体系来。更为重要的是,"话语乃是积极建构行动的基础"。③ 即话语创新是实践创新的前提,国家学话语体系的构建是理想国家制度理论体系创新和国家治理优化突破的前提。逻辑上,要实现理想国家的远大梦想,国家学话语体系的创新与突破必须先行,然后或可获得科学、系统、优良之国家学理论体系,进而以此为指导思想,展开理想国家构建的可持续行动。因此,为了理想国家的构建,便必须首先全方位鼓励和保护国家学话语体系创新者——集体与个体的行为,营造积极、自由、宽松的学术氛围,通过设置新的话语议题、提炼标识性新概念、拓展新的语言使用④等途径进行有效激励。令人欣慰的是,2016年5月17日,习近平总书记就在哲学社会科学工作座谈会上强调:"要按照立足中国、借鉴国外,挖掘历史、把握当代,关怀人类、面向未来的思路,着力构建中国特色哲学社会科学,在指导思想、学科体系、学术体系、话语体系等方面充分体现中国特色、中国风格、中国气派。"⑤ 2020年12月15日,教育部等三部门则联合印发《"双一流"建设成效评价办法》,强调要"突出原始创新与重大突破,不唯数量、不唯论文、不唯奖项,实行代表作评价,强调成果的创新质量和贡献,结合重大、重点创新基地平台建设情况"⑥。

---

① 邹鹏:《当代中国法治话语研究》,博士学位论文,华东政法大学,2020,第73页。
② 潘玥斐:《"三大体系"建设引领哲学社会科学迈向未来》,《中国社会科学报》2019年2月22日。
③ See David Howarth, Jacob Torfing, *Discourse Theory in European Politics Identity: Policy and Governance*, Palgrave Macmillan St. Martin's Press, 2005, p. 21.
④ 盛昭瀚:《话语体系:讲好管理学术创新的"中国话"》,《管理科学学报》2019年第6期。
⑤ 《十八大以来重要文献选编》(下),中央文献出版社,2018,第322页。
⑥ 即要"综合考察建设高校提高科技创新水平、解决国家关键技术'卡脖子'问题、推进科技评价改革的主要举措;在构建中国特色哲学社会科学学科体系、学术体系、话语体系中发挥主力军作用,以及面向改革发展重大实践、推动思想理论创新、服务资政决策等方面的成效"。参见《教育部等三部委印发办法:"双一流"建设评价重在"破五唯"》,中国教育部网站,http://wap.moe.gov.cn/jyb_xwfb/s5147/202103/t20210324_522227.html。

这些举措的出台与运行，无疑有助于国家学等学科话语体系的创新和构建。

（二）理想国家构建与国家治理优化，要以科学优良之国家学理论为指导

《新正义论》认为，国家学与政治哲学的研究对象不同，国家学不仅重视直接创获财富利害关系之调节和理顺，也重视间接创获财富之利害关系活动的调节和理顺。如前所述，政治学或政治哲学仅仅关注的是不直接创获财富之利害关系活动的调节与理顺。这意味着，《正义论》厘清国家学与政治哲学各自的研究对象及二者之间的疆域和范围，不仅是一个学科不断发展和完善的需要，更是一个关系理想国家能否拥有科学、系统、优良之思想理论指导的重大需求。同时也告诉我们，政治学不足以为理想国家梦想之实现提供系统性的智识支持，能为理想国家梦想之实现提供有系统性智识支持的，只能是科学、系统、优良之国家学思想体系。而这种国家学的核心价值导向系统，如《新正义论》所言，是由"根本价值标准——正义；最高价值标准——自由；终极价值标准——增进全社会和每个国民利益或福祉总量"三大部分构成。而且既要依靠有力有效的权力力量（国家暴力与行政强制）去实现，也要依靠"润物细无声"的非权力力量（国家舆论与教育强制）去实现。一句话，理想国家构建应以科学优良系统之国家学思想理论为指导，敬畏和遵从理想国家构建的一般原理与规则，避免国家治理优化行动被具体目标或临时议题所诱导和误导，特别是要认真对待和重视国家学理论体系的可持续性创新与构建问题，围绕中国国情实际，有序推进中国式现代化的文明进程，同时坚持科学完备之国家学理论的深层次探索与尝试。

（三）理想国家构建与国家治理创新要紧扣"大节"，把握重点

理想国家构建，需要国家制度与国家治理体系的共同创新和优化，但就二者的主次关系和权重地位而言，首先要重视国家制度的创新和创建。道理如前所述，因为国家制度构建是"大体""大节"，是"决定性、根本性和全局性"要素；国家治理是"小体""小节"，是"被决定、非根本和非全局性"要素。即国家制度层面的创新和优化具有事半功倍的功效，有助于理想国家梦想的尽快实现，有助于中华民族伟大复兴计划之可持续推进，有助于人类命运共同体的加速构建。特别是在"百年未有之大变局"下之"制度竞争日益激烈"的全球化时代，"制度决定国家的命运、文明的延续和民族的存亡。"[①] 对此，邓小

---

① 徐晓冬：《制度体系现代化：理论经纬和技术细节——宏观、中观和微观分层研究框架》，《人民论坛》2013年第34期。

平曾反复强调。① 或者说，现代化国家建构，"最重要的是一个制度问题"②。正如习近平总书记所言："设计和发展国家政治制度，必须注重历史和现实、理论和实践、形式和内容有机统一。"③ 而且"制度更加成熟更加定型是一个动态过程"④。其实从党的十六大报告以来，"制度"和"治理"出现次数的统计数据看，一直非常强调"制度"创新这个重点。据统计，党的十六大报告中"制度"一词出现76次，"治理"一词出现5次；党的十七大报告中"制度"出现84次，"治理"出现6次；党的十八大报告中"制度"出现102次，"治理"出现13次；党的十九大报告中"制度"出现101次，"治理"出现44次；⑤ 党的二十大报告中"制度"出现94次，"治理"出现50次。⑥ 问题在于，我们必须"抱着开放的态度，无论是传统的还是外来的，都要取其精华、去其糟粕"⑦。

但问题的关键正如习近平总书记所指出的，在于如何"坚持用制度管权管事管人……把权力关进制度的笼子里"⑧。从根本上讲，一方面，因为国家制度是由权力保障的国民与国家之间法定权利与义务交换的权力规范体系；另一方面，因为国家制度是由非权力保障的国民与国家之间"德定"权利与义务交换的非权力规范体系。所以，权力与非权力的合法性及其监督制衡的有效性，便从总体上决定国民与国家之间法定、"德定"权利与义务交换体系之公正性大小多少等。因为权利是"权力保障下的利益索取或要求"，义务是"权力保障下的利益奉献或给予"。就是因为，权力合法性及其监督的有效性，直接决定国家制度根本价值标准——公正平等的国家制度"嵌入"程度，同时决定国家制度最高价值标准——人道自由道德价值的国家制度与治理"嵌入"深度、广度与速度等，最终决定——增进全社会和每个国民利益或福祉总量——之国家制度与治理过程的"嵌入"深度、广度与速度等。一句话，权力合法性及其监督的有效性是决定国家繁荣进步的根本条件。即权力合法性越大，权力监督有效性越大，则国家越会可持续繁荣兴旺。反之，如果权力合法性越小，权力监督有效性越小，则国家越会不断衰落式微。因此福山认为："尽管历史上有许多形式的合法性，但在当今世界，合法性唯一真正的来源则是民

---

① "制度好可以使坏人无法任意横行，制度不好可以使好人无法充分做好事，甚至会走向反面。"参见《邓小平文选》第2卷，人民出版社，1994，第333页。
② 《邓小平文选》第2卷，人民出版社，1994，第297页。
③ 习近平：《在庆祝全国人民代表大会成立60周年大会上的讲话》，人民出版社，2014，第15页。
④ 《习近平谈治国理政》第3卷，外文出版社，2020，第127页。
⑤ 张文显：《国家制度建设和国家治理现代化的五个核心命题》，《法制与社会发展》2020年第1期。
⑥ 笔者根据《高举中国特色社会主义伟大旗帜 为全面建设社会主义现代化国家而团结奋斗——在中国共产党第二十次全国代表大会上的报告（2022年10月16日）》的统计。
⑦ 《习近平关于社会主义政治建设论述摘编》，中央文献出版社，2017，第99页。
⑧ 习近平：《在庆祝全国人民代表大会成立60周年大会上的讲话》，人民出版社，2014，第12页。

主。"① 就中国现代化国家构建而言,无疑有待"全过程民主制度"② 优势的全面发挥和展示,从而能尽快扩大和夯实国家权力与非权力的民意基础,奠定国家权力与非权力有效监督的制度基础,优化国家权力"闭环式"监督保障机制,保证不断促进国家制度与治理体系的公正,既保障国民与国家之间、国民之间、官员之间基本权利与义务的完全平等分配,也保障各种利益主体之间非基本权利与义务的比例平等分配,有利于奠定社会高质量可持续发展的制度与治理基础。

(四)理想国家构建要以科学优良系统的核心价值标准体系为导向系统

《新正义论》旨在通过全面系统科学的论证,确立理想国家应该拥有的核心价值标准体系与导向系统,既拒绝和规避形形色色的文化相对主义对理想国家构建的干扰和影响,也为现实理想国家建构提供科学、优良和系统化的正义理论支持。如前所述,因为在文化相对主义者③眼里,行为善恶取决于行为主体所处的具体境遇。④ 但王先生认为,"伦理相对主义乃是认为道德皆因社会不同而不同、因而任何道德都只有相对于奉行它的特定的社会才是正确的理论。"⑤ 即在文化相对主义者看来,任何国家制度都存在优劣差异。逻辑上,凡秉持和主张相对主义立场和思维方式者,或多或少都会消减或挫伤追求理想国家制度创新优化者的热忱与志向,误导或干扰现实理想国家之建构努力。换句话说,凡秉持和主张相对主义立场和思维方式者,大多既会通过为落后国家制度的辩护,将制度层面存在的问题弱化或淡化,并归因归罪于国家治理者的能力与品德等因素,有意无意地挫伤或压抑文明理想国家推动者的行动,阻挠理想国家构建的步伐,背离理想国家构建的终极目的。同时也会借用现实国家治理层面

---

① 〔美〕弗朗西斯·福山:《国家构建:21世纪的国家治理与世界秩序》,黄胜强、许铭原译,中国社会科学出版社,2007,第26页。
② "全过程人民民主强调它与选举民主相对的全过程性。其通过完整制度程序构建和完整参与实践落地的方式,在全过程落实以人民为中心的民主功能之后,也使得民主从价值理念成为扎根中国大地的制度形态、治理机制和人民的生活方式。"参见陈承新《论全过程人民民主的话语建构逻辑》,《世界社会主义研究》2022年第12期。
③ 波吉曼认为:"文化相对主义是一种描述性命题,反之,伦理相对主义则是一种规范性命题。也就是说,文化相对主义仅仅描述关于人们的行为和信仰的社会事实,而伦理相对主义则涉及规范这些事实的基本原则的正确性。"Louis P., *Pojman Etihcal Theory: Classical and Contemporary Readings Belmont*, California: Wadsworth Pub. Co., 1995. p.16。
④ "行为在道德上的正当性和不正当性随着社会的变化而变化,不存在适用于一切时代一切人的绝对的、普遍的道德标准。因此,它认为一个人以某种方式行动是否正当,是完全依据或相对于他所属于的社会来说的。"Louis P., *Pojman Etihcal Theory: Classical and Contemporary readings Belmont*, California: Wadsworth Pub. Co., 1995. p.29。
⑤ 王海明:《新伦理学》(中),商务印书馆,2008,第367页。

所取得的暂时性成绩而为落后制度辩护，阻滞制度结构性的创新尝试与探索，延迟国家现代化进程。

《新正义论》论证和确立的理想国家核心价值标准体系启示我们，理想国家核心价值标准体系要真正发挥作用，首先要抵制和防范文化相对主义者的误导，坚持理想国家核心价值标准体系的科学性、客观性与优良性。其次要积极推进三大价值标准的国家制度规则实质性"嵌入"，即以正义、自由和增进全社会和每个国民利益或福祉总量为核心价值标准，全面审视和检视现行国家制度规则道德与法律体系的得失优劣。凡是符合国家制度核心价值标准体系的，必须坚决肯定和保留；凡是背离国家制度核心价值标准体系的，则应尽快剔除和修改。具体到中国现代化建设，则要以社会主义核心价值观为标准和导向，围绕自由、正义和增进全社会和每个国民利益或福祉总量"三大国家制度核心价值标准体系"，积极促进和加速国家制度规则体系的创新和优化。最后则要积极推进"三大国家制度核心价值标准体系"国家治理过程的实质性"嵌入"，力争将其渗透到国家治理活动的各个环节和层面，主动优化国家治理机制，提升国家治理能力。当然，重点和关键同样在于——国家权力与非权力合法性基础的奠定，以及监督制约机制的"闭环性"强化与有效性的提升。

（五）理想国家构建要始终以科学优良"正义观"为根本价值标准

鉴于"国家制度与国家治理好坏的价值标准的科学是一种价值最大的科学"，"科学是一种用普遍的定律和原理建构的有组织的或系统化的知识体系。"① 因为，真正科学的正义观，注定是一种系统化的知识体系，即这样的国家制度规则，既具有"可普遍化性"②，也具有丰裕的"应该"性。因此，理想国家构建首先要以科学优良的"正义观"作为根本价值标准。一要科学把握和遵从正义总原则——平等利害相交换行为——的实质；二要科学把握和遵从正义根本原则——权利与义务相等；三要科学把握和遵从社会根本正义的"贡献原则"，因为贡献是权利的源泉和依据；四要科学把握和遵从社会根本正义的"德才原则"，因为"德"与"才"是职务等权利分配的潜在源泉和依据。同时还要科学把握和遵从平等总原则、政治平等原则、经济平等原则和机会平等原则，因为"正义乃是由于应付人类的环境和需要所采用的人为措

---

① M. W. Wartofsky, *Conceptual Foundations of Scientific Thought*, The Macmillan Company, New York Collier - Macmillan Limited, London, 1968, p. 23.

② 所谓"可普遍化性"，按照黑尔的说法，即优良道德和法律规范，应该具有两个特性："第二个特性通常被叫作可普遍化性。可普遍化性的意思是，一个人说'我应该'，他就使他自己同意处在他的环境下的任何人应该。" R. M. Hare, *Essays in Ethical Theory*, Clarendon Press Oxford, 1989, p. 179.

施或设计"①。

其次,理想国家构建要警惕高标虚空之"根本价值标准"的误导,具体要谨防"仁爱标准"的误导和干扰。如前所述,因为"仁爱原则"既无法"避免人们相互间的伤害",也因为背离人性恒久利己的行为原动力规律而缺少可持续性,最终无益于全社会和他人利益或福祉、幸福或尊严总量的增进。就当下中国式现代化建设而言,则要认真对待和警惕儒家"仁爱思想"对正义根本价值标准的负面影响,全面确立正义作为理想国家根本价值标准的重要地位。当然,正如学者汪丁丁所言:"所有这些文化层次,或厚或薄,都是改革或制度创新所必由生长的土壤。"② 对此我们必须正视传统文化中的积极价值,不能忽视,更不可无视。这既是一笔文化财富需要继承,也是一笔亟待清理的负资产。但无论如何,不能因为对传统文化的眷顾而忘记社会治理应有的大道正义,这是基础与关键所在,关系中华文明的未来走向与前景,关系亿万国民的福祉与幸福。

最后,理想国家构建要全面促进正义根本价值标准的国家制度创新与国家治理过程的优化,尽快实现国家制度与国家治理机制环节的实质性"嵌入"。重点在于,必须促进国民与国家之间"基本权利与义务的完全平等交换、非基本权利与义务的比例平等交换"。尽管国民之间,或者国家机构及其官员和利益相关者之间的基本权利与义务完全平等分配、非基本权利与义务的比例平等分配问题也十分重要。以税收为例,重点则要关注国民与国家之间涉税基本权利与义务的完全平等交换、非基本权利与义务的比例平等交换问题,而不仅仅是纳税人之间税负的"谁负"问题,主要是指基本权利与义务的完全平等分配、非基本涉税权利与义务的比例平等分配问题。事实上,能否真正理顺国民与国家之间目的与手段的交换关系,确立和保障国民在理想国家构建中的权利主体地位,真正把"人民至上原则""嵌入"国家制度创新与国家治理优化的各个环节,这才是理想国家构建的根本问题。因此,习近平总书记多次强调,必须坚决把握"权力"这个根本和关键,彻底把权力关进"制度的笼子",并形成"不敢腐的惩戒机制、不能腐的防范机制、不易腐的保障机制"③。一句话,国家和政府权力之民意基础广泛度的进一步提升,及其权力监督机制的"闭环性"与有效性,乃是确保国民与国家之间、国民之间、政府及其官员之间基本权利与义务完全平等交换和分配,非基本权利与义务的比例平等交换和分配的必要和根本前提与条件。

当然在国家制度创新与国家治理的具体实践中,如果最高自由价值标准与

---

① 〔英〕大卫·休谟:《人性论》,关文运译,商务印书馆,1980,第513页。
② 汪丁丁:《制度创新的一般理论》,《经济研究》1992年第5期。
③ 《习近平谈治国理政》,外文出版社,2014,第388页。

正义根本价值标准之间发生冲突,应以终极价值标准进行取舍。如此观之,"效率优先,兼顾公平"的治国理政指导思想,是时候需要彻底反思和修改了。因为公正与效率不可能发生冲突和矛盾,可能发生矛盾与冲突的,只能在两个平等原则与效率之间。

(六) 正义理论的创新与突破永远在路上

科学优良正义观是理想国家的根本价值标准,其价值和地位毋庸置疑,但科学优良正义观的认知与探索,无疑永远在路上。因为任何人都不可能宣称独掌和垄断了正义的绝对真理,罗尔斯的《正义论》已被认为是"日暮西山的新自由主义的一次自辩"[1],王先生的《新正义论》以罗尔斯《正义论》为思想"靶标",进行全面系统的检视和探索,推进了正义理论的当代突破,但终有一日,也会被后来者所超越和完善。这正如美国学者帕尔曼所言,因为"除非我们确信存在着一个神祇般的永远正确的权威,能通过他不容争辩的启示为事实和真理做担保",否则所有"通过一般人或者专家的意见而被确立的事实或真理"必然存在争议空间。[2] 事实上,人类正义等理论体系的不断完善,也正是因为有这种历代思想探索者的接力赛,才会不断接近和抵达正义的真理峰峦。科学探索永无止境,对正义理论的科学探索同样无止境。

因此,如何鼓励和支持对正义理论等重大理论问题的可持续探索与创新,本身就是一个重大的时代性课题。只是无论如何,正义理论研究都需要基本的学术自主与制度机制的保障。因为唯有自由可以培育和滋养追求原创性理论探索的个性和持之以恒的学术求索热忱与决心,并以自我价值实现作为人生目标,心无旁骛专注于正义问题的深度掘进。同时因为,唯有拥有可保障正义理论探索者择善固执的制度与机制,方可动员更多的正义理论研究者自愿参与到正义问题的虔诚求索行列之中。当然,还要大力鼓励正义理论前沿问题的探索,积极促进最新正义理论研究成果的及时转化,因为"一种理论的话语体系要能够得到更好的传播,就需要能够为更多的人所理解和认同"[3]。而且,"理论一经掌握群众,也会变成物质力量"[4]。这既是理想国家建构与国家治理优化的必然要求,也是中国式现代化建设和人类命运共同体构建的时代性呼唤,更是万众热切翘首的永恒期待。

---

[1] 聂安祥:《西方政治哲学的范围、主题与沿革》,《东南学术》2004 年第 2 期。
[2] Chaim Perelman, *The Realm of Rhetoric*, Notre Dame: University of Notre Dame Press, 1982, pp. 23 – 24.
[3] 戴焰军:《构建中国特色话语体系的几个原则》,《人民论坛》2012 年第 12 期。
[4] 《马克思恩格斯选集》第 1 卷,人民出版社,1995,第 9 页。

三　结语

马克思恩格斯指出："理论在一个国家实现的程度，总是取决于理论满足这个国家的需要的程度。"① 逻辑上，就现实性而言，国家制度与治理，应"不断地被引回到自己的现实的基础、现实的人、现实的人民，并被设定为人民自己的作品"②。就是说，如果一种理论或思想体系包含的真理性价值越丰富，并富含共同性和客观性，则其所能满足"这个国家的需要的程度"就越大而可持续。因此在"百年未有之大变局"下，在全球化与逆全球化深度纠缠的世界潮流与格局下，在科技高速发展的现实情势下，中华民族应该且必须以理想国家的核心价值标准为导向系统，全面优化国家制度，创新国家治理体系，加快实现中国式现代化的步伐，积极为人类命运共同体构建做出应有的贡献。如此而言，本文标题"道洽政治，泽润生民"，或应修改为"唯道洽国家，或泽润生民"更贴切。孔飞力先生曾在其影响巨大的《中国现代国家的起源》一书中指出："只有在社会体系发生基本的变化之后，国家本身的根本性改造才是可能的。"③ 问题或在于，中国社会体系的基本变化会发生在何时何地，或者因何事而变呢？唯一能确定的是，应该以国家制度与治理核心价值标准为导向，坚持不懈地积跬步，负重前行，或可逐步抵达和实现民族的兴旺发达和世界的和平和谐。

Promoting Political Harmony and Refreshing the People: On Wang Haiming's *New Theory of Justice*: *State System and Value Standard System of National Governance*

Yao Xuange

Abstract: Focusing on the basic issues of "justice" *The New Theory of Justice* demonstrates that "justice" is the scientific basis of the national system and the standard value system of national governance. On the one hand, it systematically clarifies the basic categories of justice, which provides a logical and self-consistent theoretical basis for the construction of an ideal country. The differences and similarities between national studies

---

① 《马克思恩格斯选集》第 1 卷，人民出版社，2012，第 11 页。
② 《马克思恩格斯全集》第 3 卷，人民出版社，2002，第 40 页。
③ 〔美〕孔飞力：《中国现代国家的起源》，陈兼、陈之宏译，三联书店，2013，第 86 页。

and political philosophy are analyzed, and the research objects and methods of national studies are clarified. It also straightens out the relationship between the macro and the micro, and establishes the primary and secondary importance of national system innovation and national governance optimization. It has explored and confirmed the standards of core values of national system and national governance. It points out the shortcomings of John Rawls' theory of justice and puts forward a new theory of justice. On the other hand, *The New Theory of Justice* has provided with six points of revelation: the construction of the original scientific discourse system should start from the innovation and breakthrough of basic concepts; the construction of an ideal country and the optimization of national governance should be guided by the scientific theory of good national studies. It is necessary to closely follow the "major joints" and grasp the key points. The core value standard system which is scientific and excellent should be taken as the guiding system. The scientific and excellent "view of justice" should be taken as the fundamental value standard. Anyway, the exploration and innovation of justice theory is always on the way.

Keywords: Justice; Equality; *The New Theory of Justice*

征稿启事

《中国治理评论》作为一本专注于发表中外治理研究成果的专业性学术出版物,旨在为我国相关专业研究人员和实际工作者以及海内外学界同人,提供一个展示其思想智慧、沟通和交流其思想观点的公共空间和专业论坛。本刊由俞可平教授任编委会主任,陆丹教授任主编。

《中国治理评论》每年出版两期。主要栏目有"理论探讨""国家治理与社会治理""城市治理""乡村治理""治理理论与实践""国外治理理论"等,同时,"公共治理""全球治理""道德治理""生态治理与环境治理"等也是本刊所关注的重要问题。

恭请海内外专家学者为《中国治理评论》撰稿。投稿时请注意以下事项:

1. 来稿应是未曾公开发表的原创性稿件。

2. 文章以1.5万字左右为宜,重大选题不受篇幅限制。中文内容摘要300字左右,要求能够客观反映论文的主要内容信息。中文关键词3~5个,应为能够反映论文主题的词或词组。文末须附上中文题目、内容摘要及关键词的英文译文。

3. 来稿如果是省部级以上课题的阶段性成果,请注明课题名称、批准编号等完整信息。

4. 文章中引用文献或他人观点,请务必核对准确,并注明出处。

5. 文章不设置文末参考文献,引文出处及解释性注释均采用当页脚注的方式置于页面底部。具体格式要求如下:

A. 国内学者著作或论文等

①余东华:《论智慧》,中国社会科学出版社,2005,第35页。(图书必须有页码)

②陈宗德、吴兆契主编《撒哈拉以南非洲经济发展战略研究》,北京大学出版社,1987,第9页。("主编""编""编著"后不带冒号)

③袁连生:《我国义务教育财政不公平探讨》,《教育与经济》2001年第4期。(期刊不注明页码)

④杨侠：《品牌房企两极分化 中小企业"危""机"并存》，《参考消息》2009 年 4 月 3 日。（报纸不注明版次）

⑤费孝通：《城乡和边区发展的思考》，转引自魏宏聚《偏失与匡正——义务教育经费投入政策失真现象研究》，中国社会科学出版社，2008，第 44 页。

⑥赵可：《市政改革与城市发展》，博士学位论文，四川大学，2000，第 21 页。

B. 译著

①〔美〕弗朗西斯·福山：《历史的终结及最后之人》，黄胜强等译，中国社会科学出版社，2003，第 7 页。

②〔美〕特德·本顿主编《生态马克思主义》，曹荣湘等译，社会科学文献出版社，2013，第 88 页。

C. 英文文献

①Kenneth N. Waltz, *Theory of International Politics*, New York：McGraw-Hill Publishing Company, 1979, pp. 668 – 698.

②Robert Ethane and Joseph Nye, *Power and Interdependence：World Politics in Transition*, Boston, M. A.：Little Brown Company, 1977, p. 8.

③David Baldwin ed., *Neo-realism and Neo-liberalism：The Contemporary Debate*, New York：Columbia University Press, 1993, p. 106.

④Krause Knar and James N. Roseau, eds., *Contending Approaches to International Politics*, Princeton, N. J.：Princeton University Press, 1969, pp. 101 – 112.

⑤Stephen Van Efra, "Primed for Peace：Europe after the Cold War", *International Security*, Vol. 15, No. 3, 1990.

期待您为《中国治理评论》赐稿。稿件一经采用，即从优支付稿酬。

通信地址：海南省三亚市学院路三亚学院东区书海馆
电子邮件：zgzlpl@ 126. com
联系电话：0898-88382480，88386755

《中国治理评论》编辑部

图书在版编目（CIP）数据

中国治理评论 . 2023 年 . 第 2 期：总第 16 期 / 陆丹主编 . -- 北京：社会科学文献出版社，2023.10
　　ISBN 978 - 7 - 5228 - 2424 - 6

　　Ⅰ . ①中… Ⅱ . ①陆… Ⅲ . ①社会管理 - 中国 - 丛刊 Ⅳ . ①D63 - 55

　　中国国家版本馆 CIP 数据核字（2023）第 165132 号

中国治理评论　2023 年第 2 期　总第 16 期

主　　编 / 陆　丹
执行主编 / 杜振吉

出 版 人 / 冀祥德
责任编辑 / 岳梦夏
责任印制 / 王京美

出　　版 / 社会科学文献出版社·政法传媒分社（010）59367126
　　　　　　地址：北京市北三环中路甲 29 号院华龙大厦　邮编：100029
　　　　　　网址：www.ssap.com.cn

发　　行 / 社会科学文献出版社（010）59367028
印　　装 / 三河市龙林印务有限公司

规　　格 / 开　本：787mm × 1092mm　1/16
　　　　　　印　张：11　字　数：208 千字
版　　次 / 2023 年 10 月第 1 版　2023 年 10 月第 1 次印刷
书　　号 / ISBN 978 - 7 - 5228 - 2424 - 6
定　　价 / 79.00 元

读者服务电话：4008918866

版权所有 翻印必究